会计做账流程

会计业务发生
客户信息
合同签订
出入库单
发票
……

→ 账务处理

出纳
收付款单据
票据的填充
票据的保管

记账会计
期初建账
原始单据整理
原始单据审核
↓
记账凭证填制

档案管理 → 装订凭证 → 保管凭证 → 保…

细分流程

记账凭证账务处理流程图
原始凭证
↓
记账凭证
├ 现金日记账
├ 银行存款日记账
├ 分类总账
└ 明细分类账
↓
财务报表

会计做账登记流程图
凭…
审核…
记账、…
现金流量明细账
银行日…
票…
对外报送会计报表

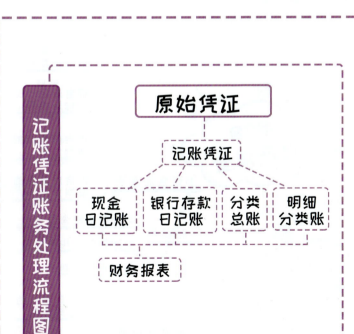

审核会计 → 总账会计 → 税务处理

审核会计
- 记账凭证审核
- 明细分类账 总分类账

总账会计
- 管理报表 财务报表
- 报表分析 财务管控

税务处理
- 税额的计算
- 税负的监管
- 纳税申报表的填制
- 纳税申报的税务管控

管财务资料 — 保管税务资料

扫我了解更多学习资讯

示意图

- 凭证
- 汇总凭证
- 银行、现金日记账、支出登记簿
- 总账、明细账余额表
- 对账、结账
- 财务报表
- 会计主管复核后呈报领导签字

财产清查流程图

- 成立财产清查小组
- 确定清查对象、范围，明确清查任务
- 制定清查方案
- 组织清查人员学习相关规定
- 清查前准备
- 实施财产清查
- 对财产清查结果进行处理

想快速成为会计高手吗！

★ 随书赠送超值大礼包 ★

免费职业规划
名师指导，助您快速了解会计从业前景和方向，让零基础学员告别迷茫

海量会计网课
直播+录播不断更新，并赠送课程讲义，让您边看边学

老会计免费答疑
老会计在线答疑，帮助学员解决在学习中遇到的难题

出纳实训系统
网银系统+实训系统两者结合，让您快速进入并了解出纳工作

会计实训系统
涵盖多个行业，100%真账实操在线演练，让您迅速了解做账

税务实训系统
100%报税实操在线演练，让报税不再成为难事

实操大礼包　等你免费领取

扫码领取

① 关注微信公众号
② 回复关键字,如"福利"
③ 根据提示获取福利

ABOUT US
会计教练教研中心简介

> 会计教练教研中心于2016年7月成立，一直从事会计实操及考证类的培训研究工作。该中心由上百位各行业从事一线财税工作的优秀专家组成，包括会计师事务所的高级项目经理、集团企业的财务负责人、金融企业理财师、农牧生产企业财税专家、高校的优秀教师等。成立至今，会计教练教研中心已开发八十多类行业真账实操、报税实操，现有一千多个实操课程。专家们总结十余年的从业经验、考证考点经验，结合学员深度学习的需求，编纂了会计实操、考证考点类辅导教材几十种，以此助你快速成为财税翘楚。

会计教练系列教材 7 大特色

专业
把难懂的专业知识以通俗易懂的案例、图表及情景的方式展现

易学
一看就懂、一学就会，通过精选案例，轻松掌握实战技巧

课程
教材配套的视频讲解紧贴实际，通俗易懂

观感
教材采用彩色印刷，图文并茂，轻松理解重点、难点

后续服务

扫码咨询，更多惊喜等着你！

学习方式
教材内容精炼，书籍携带方便，课程网上播放，随时随地，想学就学

师资力量
拥有上百位经验丰富的优秀师资，书籍和课程都是由多年实操及授课经验的老师负责编纂、讲解

新手必备"实战宝典"

图解+视频

会计就是这么简单

零基础学会计

- 掌握实战技巧
- 细化基础知识
- 解析精选案例
- 体现核心内容

■ 会计教练教研中心 编

西北大学出版社

·西安·

图书在版编目(CIP)数据

零基础学会计/会计教练教研中心编. —西安：西北大学出版社,2020.10
ISBN 978-7-5604-4532-8

Ⅰ.①零… Ⅱ.①会… Ⅲ.①会计学—基础知识 Ⅳ.①F230

中国版本图书馆 CIP 数据核字(2020)第 086148 号

零基础学会计

主　　编	会计教练教研中心
出版发行	西北大学出版社
地　　址	西安市太白北路 229 号
邮　　编	710069
电　　话	029-88303042
经　　销	全国新华书店
印　　装	西安华新彩印有限责任公司
开　　本	787mm×1 092mm　1/16
印　　张	11.5
字　　数	238 千字
版　　次	2020 年 10 月第 1 版　2022 年 2 月第 5 次印刷
书　　号	ISBN 978-7-5604-4532-8
定　　价	58.80 元

本版图书如有印装质量问题，请拨打电话 029-88302966 予以调换。

前 言
QIANYAN

现如今,终身学习、跨界发展被越来越多的人接受,一些技术性强、发展前景好的职业,往往会成为人们终身学习、跨界发展时的热门选择,而会计恰恰就是这种职业。

对于刚刚入职或改行做会计的新人来说,特别需要一套起点低、能够指导其轻松入门的系列教材。"零基础系列丛书"正是多年从事会计培训的专家们为满足这类需求而编写的。本系列丛书共三册:《零基础学会计》《零基础学出纳》《零基础学税务》,内容包括会计、出纳、税务的基础知识,以及真实案例讲解、实操性案例分析,把所涉及的知识点进行精编汇总,并将必须掌握的知识点用下划线标记出来,有效节省读者时间,提高学习效率。同时,针对重点知识还配套了名师视频讲解,扫码即可听课。

会计工作是整个财务核算工作的重要组成部分,我们常说:"会计管账,出纳管钱",说明二者只是分工不同。会计人员需要了解全套账务的处理;执行财务审批制度,行使授权内的财务审批权限,监督财务收支;审核所有单据的全面性及合法性;装订凭证,确保企业财务档案资料的及时归档;出具财务报表及领导要求的其他报表等工作。

面对繁杂的会计业务,如何快速掌握记账技巧以及会计报表的编制方法呢?本书解决了这一问题。既使你对会计知识一无所知,或者仅有少许理论知识又从未亲自实践过,通过本书的学习都可以让你完成"菜鸟"的蜕变。书中采用图文并茂的方式诠释了会计岗位所涉及的基本工作内容,并结合大量的案例帮助加深理解。力求用通俗易懂的文字,让新手尽快掌握会计岗位的核心账务处理与会计核算方法,快速提升其专业技能,轻松驾驭会计岗位。

本书编写时编写团队力求做到精益求精,但由于会计制度、会计准则、税务政策等会随时调整,书中难免有疏漏或不足之处,敬请广大读者批评指正,并将建议及时反馈给我们,以便我们不断完善。联系邮箱为:tianhuabook@qq.com。

天华教育会计实操研发中心

目 录 CONTENTS

第一章 总 论 / 1

第一节 会计概述 / 1
第二节 会计的职能与方法 / 3
第三节 会计假设与会计核算原则 / 8
第四节 会计信息使用者及其质量要求 / 10

第二章 会计要素及等式 / 13

第一节 会计要素 / 13
第二节 会计等式 / 20

第三章 会计科目与账户 / 25

第一节 会计科目 / 25
第二节 账 户 / 30

第四章 会计记账方法 / 34

第一节 记账方法的分类 / 34
第二节 借贷记账法 / 36

第五章 企业主要经济业务的核算 / 49

第一节 筹资业务的核算 / 50
第二节 供应过程的核算 / 55
第三节 生产业务的核算 / 63
第四节 销售业务的核算 / 68
第五节 应交税费 / 72
第六节 期间费用的核算 / 81

第七节　其他常见业务的核算 / 83
第八节　利润形成和分配业务的核算 / 86

第六章　会计凭证 / 92

第一节　会计凭证概述 / 92
第二节　原始凭证 / 94
第三节　记账凭证 / 99
第四节　会计凭证的传递与保管 / 102

第七章　会计账簿 / 105

第一节　会计账簿的概述和分类 / 105
第二节　会计账簿的设置和登记 / 111
第三节　错账更正方法 / 118
第四节　会计账簿的更换与保管 / 121

第八章　账务处理程序 / 123

第一节　账务处理程序的意义和种类 / 123
第二节　记账凭证账务处理程序 / 124
第三节　汇总记账凭证账务处理程序 / 125
第四节　科目汇总表账务处理程序 / 126

第九章　财产清查 / 129

第一节　财产清查概述 / 129
第二节　财产清查的方法 / 131
第三节　财产清查结果的处理 / 135

第十章　财务报表 / 141

第一节　财务报表概述 / 141
第二节　资产负债表 / 143
第三节　利润表 / 156
第四节　现金流量表 / 163

参考文献　/ 174

第一章 总 论

第一节 会计概述

一 会计的概念

现如今，人们对"会计"并不陌生，"会计工作""会计部门""会计人员""会计学科"或"会计专业"等这些词汇，经常出现在我们的日常生活中。目前，无论是营利组织的企业还是非营利组织，如医院、学校等，都设有会计。

中国人常说"亲兄弟，明算账"，即使是兄弟间也要清清楚楚地"算账"，那么作为一个单位的投资人、债权人则更需要了解其做了什么、正在做什么、将来又会（要）做什么。而这些信息均需要通过会计账簿来反映，通过财务报告传递。使投资者和债权人可以全面地掌握企业的财务状况、经营成果和现金流量等会计信息。

我们可以将会计认为是一种经济计算，是以货币为主要计量单位，运用专门的方法对经济过程进行连续、系统、全面、综合的计算。

会计主体的计量单位是多样的复杂的，如图1-1所示。但会计计量必须统一一个计量尺度，如人民币。

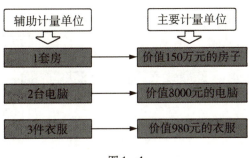

图1-1

二 会计的产生与发展

会计作为一项计算和考核收支的工作，在很久以前就出现了。人类要生存，社会要发展，就要进行物质资料的生产。生产活动一方面创造物质财富，取得一定的劳动成果；另一方面要发生劳动耗费，包括人力、物力的耗费。在一切社会形态中，人们进行生产活动时，总是力求以尽可能少的劳动耗费，取得尽可能多的劳动成果，做到所得大于所费，提高经济效益。为此，就必须在不断改革生产技术的同时，采用一定方法对劳动耗费和劳动成果进行记录、计算并加以比较和分析，这就产生了会计。可见，会计的产生与加强经济管理、追求经济效益有着不可分割的天然联系。

早期的会计是比较简单的，只是对财物的收支进行计算和记录。随着社会生产的日益发展和科学技术水平的不断提高，会计经历了一个由简单到复杂、由低级到高级的漫长发展过程。它的发展主要有三个阶段，如图1-2所示。

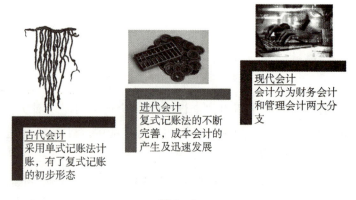

图1-2

三 会计对象及目标

（一）会计对象

会计的对象是指会计所要核算与监督的内容，是社会再生产过程中能以货币表现的经济活动，也是价值运动或资金运动。资金运动的过程如图1-3所示。

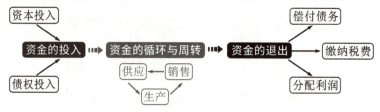

图1-3

1. 资金的投入

企业要生产经营,必须有资金的支持,这些资金的来源包括所有者(投资者)投入的资金和债权人投入的资金两部分,前者属于所有者权益,后者属于债权人权益(即企业负责)。

2. 资金的循环与周转

资金的循环与周转,也称资金运用,是企业将资金运用于生产经营的过程,主要是在供、产、销环节进行不断的循环和周转。以工业企业为例,供应过程中企业购买各种原材料,支付材料的运输费、装卸费等采购费用,与供货方结算货款。生产过程中劳动者借助劳动手段将劳动对象加工成特定的产品,同时发生原材料的消耗、生产工人劳动耗费及生产设备的购买和价值转移。销售阶段中将生产的产品对外销售、收回货款和支付有关销售费用等。

3. 资金的退出

企业的资金退出包括偿还各项债务、缴纳各项税费、向所有者分配利润等。这部分资金将离开企业,退出企业的资金循环与周转。

(二) 会计目标

目标是指从事某项活动时预期要达到的结果。会计目标指在一定的客观历史环境下,人们期望会计实践活动所能达到的结果或境地。会计活动的基本特征就是借助货币量度,按照一定的程序和方法,将各项经济活动通过确认、计量、记录、报告,转化为反映一定时期财务状况、经营成果和现金流量等一系列会计信息,以满足企业管理部门和有关方面经济决策的需要。反映企业管理层受托责任履行情况,有助于财务报表使用者做出经济决策。简单地说,会计目标应明确三方面内容,如图 1-4 所示。

图 1-4

第二节 会计的职能与方法

会计的职能是指会计在经济管理过程中所具有的功能。会计具有会计核算和会计监督两项基本职能,以及预测经济前景、参与经济决策、评价经营业绩等拓展职能。

1.2 会计的职能(回复 kj0102 获取课程解析)

一 基本职能

会计的基本职能分为核算职能和监督职能。

（一）核算职能

会计的核算职能又称会计反映职能，是指会计以货币为主要计量单位，对特定主体的经济活动进行确认、计量和报告，从数量上反映企业的经济活动，为经济管理提供经济信息。会计核算贯穿于经济活动的全过程，是会计最基本的职能，如图1-5所示。

```
┌─────────────────────────────────────────────────┐
│ 会计确认                                         │
│ • 运用特定会计方法，以文字和金额同时对一项交易   │
│   或事项进行描述，使其金额反映在特定主体财务报   │
│   表中的会计程序(是否入账)                        │
└─────────────────────────────────────────────────┘

┌─────────────────────────────────────────────────┐
│ 会计计量                                         │
│ • 确定会计确认中用以描述某一交易或事项金额的会   │
│   计程序(入账金额是多少)                          │
└─────────────────────────────────────────────────┘

┌─────────────────────────────────────────────────┐
│ 会计报告                                         │
│ • 在确认和计量的基础上，将特定主体的财务状况、   │
│   经营成果和现金流量信息以财务报表的形式向有关   │
│   各方报告(确认和计量的结果)                      │
└─────────────────────────────────────────────────┘
```

图1-5

会计核算的主要内容包括：①款项和有价证券的收付；② 财物的收发、增减和使用；③ 债权、债务的发生和结算；④ 资本、基金的增减；⑤ 收入、支出费用，成本的计算；⑥ 财务成果的计算和处理；⑦ 需要办理会计手续、进行会计核算的其他事项。

（二）监督职能

会计监督职能又称会计控制职能，是指对特定主体经济活动和相关会计核算的真实性、合法性和合理性进行审查，如图1-6所示。

会计监督贯穿于会计管理活动的全过程，主要包括事前监督、事中监督和事后监督，如图1-7所示。

（三）会计核算与会计监督的关系

会计核算与会计监督是相辅相成、辩证统一的关系。会计核算职能是会计的首要职能，会计核算是会计监督的基础。会计核算直接影响会计信息的质量高低，并为会计监督提供依据。会计监督是会计核算的保证，只有核算没有监督，就难以保证核算所提供信息的真实性和完整性。

真实性审查
• 检查各项会计核算是否根据实际发生的经济业务进行

合法性审查
• 检查各项经济业务是否符合国家有关法律法规，必须遵守财经纪律、执行国家各项方针政策，以杜绝违法乱纪行为

合理性审查
• 检查各项财务收支是否符合客观经济规律及经营管理方面的要求，保证各项财务收支符合特定的财务收支计划，实现预算目标

图 1-6

事前监督	事中监督	事后监督
• 在经济活动发生前进行的监督，主要是对未来经济活动是否符合法规政策的规定、在经济上是否可行进行判断，以及为未来经济活动制定定额编制预算等	• 对正在发生的经济活动过程及核算资料进行审查，并据以纠正经济活动过程中的偏差	• 对已经发生的经济活动及核算资料进行审查

图 1-7

二 拓展职能

会计的拓展职能分为预测经济前景、参与经济决策、评价经营业绩，如表1-8所示。

预测经济前景
• 预测经济前景是指根据财务会计报告等信息，定量或者定性地判断和推测经济活动的发展变化规律，以指导和调节经济活动，提高经济效益

参与经济决策
• 参与经济决策是指根据财务会计报告等信息，运用定量分析和定性分析方法，对备选方案进行经济可行性分析，为企业生产经营管理提供与决策相关的信息

评价经营业绩
• 评价经营业绩是指利用财务等信息，采用适当的方法，对企业一定经营期间的资产运营、经济效益等经营成果，对照相应的评价标准，进行定量及定性对比分析，做出真实、客观、公正的综合评判

图 1-8

三 会计核算方法体系

会计核算方法是用来反映和监督会计对象的。由于会计对象的多样性和复杂性,就决定了用来对其进行反映和监督的会计核算方法不能采取单一的方法形式,而应该采用方法体系的模式。会计的七种核算方法构成了一个完整的、科学的方法体系,如图1-9所示。

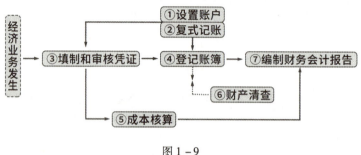

图 1-9

(一)设置会计科目和账户

设置会计科目和账户是对会计具体内容进行分类核算和监督的一种专门的方法。会计的内容是复杂多样的,要对其进行系统的核算和监督,就需要按照经济内容和管理要求,分别设置会计科目和账户,进行分类登记,以便为经营管理者提供所需要的信息和指标。

(二)复式记账

复式记账法是以资产与权益的平衡关系作为记账基础,对于每一笔经济业务,都要以相等的金额在两个或两个以上相互联系的账户中进行登记,系统地反映资金运动变化结果的一种记账方法。比如,有限公司在接受股东投入的资本时,一方面引起企业银行存款的增加,另一方面引起实收资本的增加;以银行存款购买商品,一方面引起库存商品的增加,另一方面引起银行存款的减少。

复式记账之所以要求在两个或两个以上的账户中以相等的金额进行记录,是为了保证会计等式的平衡,所以说复式记账的理论依据就是会计恒等式。

(三)填制和审核凭证

填制和审核凭证是指通过对会计凭证的填制和审核来核算和监督每一项经济业务的方法。对于已经发生的经济业务,必须由经办人或单位填制原始凭证,并签名盖章。所有原始凭证都要经过会计部门和其他有关部门的审核。只有经过审核并确认无误的原始凭证,才能作为填制记账凭证和登记账簿的依据。

填制和审核会计凭证作为会计核算的一项重要内容,在经济管理中具有重要作用。主要体现在四方面:①提供经济信息和会计信息;②监督、控制经济活动;③提供记账依据;④加强经济责任。

(四)登记账簿

登记账簿是以审核无误的会计凭证为依据,在账簿上连续地、系统地(分门别类)、完整地记录经济业务的专门方法。由于会计凭证对经济业务的记录是分散的,每一张记账凭证通常只反映一项经济业务。为得到系统化的核算资料,必须对分散在会计凭证上的资料进行整理。而通过账簿登记和结算,就能达到这一目的。账簿记录必须严格以记账凭证为依据,并且要定期结账。从而及时地、系统地反映会计单位经济活动和财务收支状况,为编制会计报表和企业内部管理提供必要的、有用的信息。

(五)成本计算

成本计算是按一定的成本对象,对生产、经营过程中所发生的成本、费用进行归集,以确定各对象的总成本和单位成本的一种专门方法。通过准确计算成本,可以掌握成本构成情况,考核成本计划的完成情况,了解生产经营活动的成果,促进企业加强成本控制,节约支出,提高经济效益。

(六)财产清查

财产清查是指通过对货币资金、实物资产和往来款项等财产物资进行盘点或核对,确定其实存数,查明账存数与实存数是否相符的一种专门方法。通过财产清查,一方面可以查明财产物资和资金的实有数,另一方面可以检查各种物资的储存保管情况以及各种往来款项的结算情况。在清查中如发现账实不符现象,应查明原因,加以处理,做到账实相符。

(七)编制财务报告

财务报告是以账簿记录为依据定期编制并对外提供的反映会计主体某一特定日期财务状况和某一会计期间经营成果、现金流量等会计信息的书面文件。编制财务报表是系统地提供会计信息所使用的专门方法。财务报表是会计工作成果的最终体现,提供的资料是会计信息使用者决策的重要依据,也是进行会计分析、会计检查的重要依据。

各种会计核算方法不是孤立的,而是相互联系、密切配合的,构成了一个完整的程序和方法体系。其中,填制和审核凭证、登记账簿是记账过程,填制和审核凭证是会计核算的最初环节,登记账簿是会计核算的中心环节;成本计算是对初级会计信息资料的加工过程;会计报表是报账过程,是会计核算的最终环节。记账、算账、报账的一般程序是:①在账簿中依据设置的会计科目开设若干不同的账户,用以分类记录交易、事项;②每一项交易或者事项发生后,经办人员都要取得或填制原始凭证,经过会计人员审核整理后,运用复式记账法,编制记账凭证,并据以登记账簿,将原始资料转换为有用的会计资料,记录储存会计信息;③依据凭证和账簿记录进行成本计算,期末在财产清查的基础上保证账实相符,定期编制财务报表。由于从交易或事项的确认开始,依次经过计量、记录、报告,完成一个会计期间的会计循环,均要按一定的程序通过会计核算方法来完成,所以，从会计核算方法的角度理解，我们也将从填制和审核会计凭证、登记账簿、成本计算、财产清查直至编报财务报表周而复始的过程称为会计循环。

1.3 会计假设与会计核算原则（回复kj0103 获取课程解析）

第三节 会计假设与会计核算原则

一 会计基本假设

会计基本假设是企业会计确认、计量和报告的前提，是对会计核算所处时间、空间环境等所做的合理设定。会计基本假设包括会计主体、持续经营、会计分期和货币计量，如表1-1所示。

表1-1 会计基本假设

会计假设	内　容
会计主体	指会计工作为其服务的特定单位或组织，会计主体既可以是一个企业，也可以是若干个企业组织起来的集团公司；既可以是法人，也可以是不具备法人资格的实体
持续经营	指在可以预见的将来，企业将会按当前的规模和状态继续经营下去，不会停业、破产、清算或大规模削减业务等。持续经营是会计分期的前提
会计分期	是指将企业在持续经营期间的经营活动人为地将其等距离划分为一定期间，定期确认收入、费用和利润，资产、负债和所有者权益，以便结算账目、编制财务报表及对会计信息进行比较和分析。会计分期分为年度和中期（包括月度、季度、半年度）
货币计量	会计主体的经济活动是多种多样、错综复杂的，可供选择的计量尺度有货币、实物和时间等，但在会计确认、计量和报告时以货币为统一的计量单位

上述会计核算的四项基本假设，具有相互依存、相互补充的关系。会计主体确立了会计核算的空间范围，持续经营与会计分期确立了会计核算的时间长度，而货币计量则为会计核算提供了必要手段。没有会计主体，就不会有持续经营；没有持续经营就没有会计分期；没有货币计量，就不会有会计核算。

二 会计核算原则

会计核算原则是会计确认、计量和报告的基础，是单位收入、支出和费用的确认标准，包括权责发生制和收付实现制。

(一)收付实现制

收付实现制的内容如图 1-10 所示。

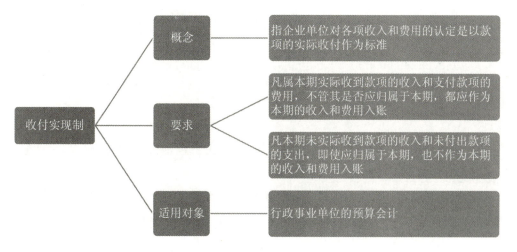

图 1-10

(二)权责发生制

权责发生制的内容如图 1-11 所示。

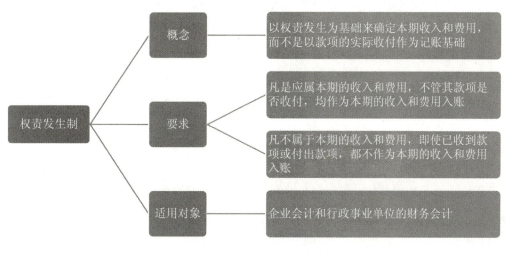

图 1-11

在权责发生制下,每届会计期末,应对各项跨期收支做出调整,核算手续虽然较为麻烦,但能使各个期间的收入和费用实现合理的配比,所计量的财务成果也比较正确。

会计核算原则,以下案例的收入应在几月份确认呢?
1. 20×5 年 3 月份,某企业销售一批商品,款项当期未收到,在 5 月份时收到款项。
2. 20×5 年 3 月份,某企业预收一笔货款,但货物在 5 月份才发出。

1.4 会计信息使用者及其质量要求(回复 kj0104 获取课程解析)

第四节 会计信息使用者及其质量要求

一 会计信息使用者

会计信息使用者一般都是企业的利益相关者,主要包括投资者、债权人、企业管理者、政府及其相关部门和社会公众等。

企业投资者通常通过会计报表等会计资料来了解企业的盈利能力和发展能力,他们需要借助会计报表等相关信息来决定是否调整投资、更换管理层和加强企业的内部控制等。

债权人通常通过会计信息等其他资料来判断企业的偿债能力和财务风险,如企业的贷款人、供应商等,债权人借助会计资料等相关信息来判断企业是否有能力按约定支付所欠货款、偿还贷款本金和支付利息等。

企业管理者是会计信息的重要使用者,他们需要借助会计信息来管理企业,对企业进行控制,做出财务决策。

政府及其有关部门作为经济管理和经济监管部门,通常关心经济资源分配的公平合理性、市场秩序的公正有序性、宏观决策所依据信息的真实可靠性等,他们需要会计信息来监管企业的活动(尤其是经济活动)、制定税收政策、进行税收征管和国民经济统计等。

二 会计信息的质量要求

会计信息质量要求是对企业财务报表中所提供高质量会计信息的基本规范,是使财务报表中所提供会计信息有利于投资者等使用者决策应具备的基本特征,主要内容如图1-12所示。

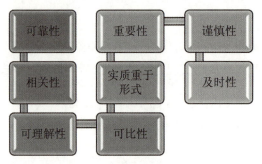

图1-12

(一) 可靠性

可靠性要求企业应当以实际发生的交易或者事项为依据进行确认、计量和报告,如实反映符合确认和计量要求的各项会计要素及其他相关信息。保证会计信息真实可靠、内容完整。

企业的会计信息要满足会计信息使用者的决策需要,就必须内容真实、数字准确、资料可靠。而为确保真实,会计信息应经得起验证。为了贯彻可靠性要求,企业应当做到以下几点:

(1) 以实际发生的交易或者事项为依据进行确认、计量和报告。
(2) 在符合重要性和成本效益原则的前提下,保证会计信息的完整性。
(3) 在财务报告中的会计信息应当是中立的、无偏的。

(二) 相关性

相关性要求企业提供的会计信息应当与投资者等财务报告使用者的经济决策需要相关,有助于财务会计报告使用者对企业过去和现在情况做出评价,对未来情况做出预测。

会计信息质量的相关性要求,需要企业在确认、计量和报告会计信息的过程中,充分考虑使用者的决策模式和信息需要。但是,相关性是以可靠性为基础的,两者之间并不矛盾,不应将两者对立起来。也就是说,会计信息在可靠性前提下,尽可能地做到相关性,以满足投资者等财务报告使用者的决策需要。

(三) 可理解性

可理解性(清晰性)要求企业提供的会计信息应当清晰明了,便于投资者等财务报告使用者理解和使用。

(四) 可比性

可比性要求企业提供的会计信息应当相互可比。这主要包括两层含义。

1. 同一企业不同时期可比(纵比)

为了便于投资者等财务报告使用者了解企业财务状况、经营成果和现金流量的变化趋势,比较企业在不同时期的财务报告信息,全面、客观地评价过去、预测未来,从而做出决策。会计信息质量的可比性要求同一企业不同时期发生的相同或者相似的交易或者事项,应当采用一致的会计政策,不得随意变更。但是,满足会计信息可比性要求,并非表明企业不得变更会计政策,如果按照规定或者在会计政策变更后可以提供更可靠、更相关的会计信息,则可以变更会计政策。有关会计政策变更的情况,应当在附注中予以说明。

2. 不同企业相同会计期间可比(横比)

为了便于投资者等财务报告使用者评价不同企业的财务状况、经营成果和现金流量及其变动情况,会计信息质量的可比性要求不同企业同一会计期间发生的相同或者相似的交易或者事项,应当采用规定的会计政策,确保会计信息口径一致、相互可比,以使不同企业按照一致的确认、计量和报告要求提供有关会计信息。

(五)实质重于形式

实质是指经济实质,形式是指法律形式。实质重于形式要求企业应当按照交易或者事项的经济实质进行会计确认、计量和报告,不应仅以交易或者事项的法律形式为依据。

例如,以融资租赁的形式租入的固定资产,虽然从法律形式来讲企业并不拥有其所有权,但是由于租赁合同中规定的租赁期相当长,接近于该资产的使用寿命或租赁期结束时承租企业有优先购买的选择权,在租赁期内承租企业有权支配该资产并从中受益。所以,从实质上看,企业控制了该项资产的使用权及受益权。所以在会计核算上,将融资租赁的固定资产视为企业的资产。

(六)重要性

重要性要求企业提供的会计信息应当反映与企业财务状况、经营成果和现金流量有关的所有重要交易或者事项。

在实务中,如果会计信息的省略或者错报会影响投资者等财务报告使用者据此做出决策的,该信息就具有重要性。重要性的应用需要依赖职业判断,企业应当根据其所处环境和实际情况,从项目的性质和金额大小两方面加以判断。

(七)谨慎性

谨慎性要求企业对交易或者事项进行会计确认、计量和报告应当保持应有的谨慎,不应高估资产或者收益、低估负债或者费用。

谨慎性的应用也不允许企业设置秘密准备,如果企业故意低估资产或者收益、故意高估负债或者费用,将不符合会计信息的可靠性和相关性要求,损害会计信息质量,扭曲企业实际的财务状况和经营成果,从而对使用者的决策产生误导,这是会计准则所不允许的。

(八)及时性

及时性是指会计信息的时效性。要求企业对于已经发生的交易或者事项,应当及时进行确认、计量和报告,不得提前或者延后。

第二章 会计要素及等式

第一节 会计要素

一 会计要素的分类

2.1 会计要素（回复 kj0201 获取课程解析）

会计要素是指将企业的经济业务按照交易或事项的特征进行分类，是会计核算和监督的主要对象。由于企业经营活动和经济业务的性质种类繁多，为了便于统一规范记录这些经济活动，增加会计资料的效用，可按其性质进行分别归纳。

会计要素是组成会计报表的基本单位，是按照交易或事项的经济特征所做的基本分类，如图 2-1 所示。

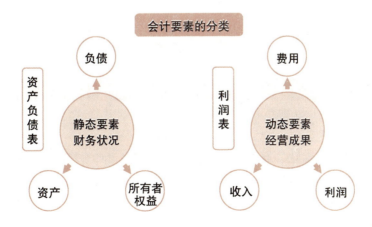

图 2-1

二　会计要素的确认

（一）资产

1. 资产的概念及特征

资产是指企业过去的交易或者事项形成的，由企业拥有或者控制的，预期会给企业带来经济利益的资源。其特征表现为：

（1）资产是由过去交易或事项所形成的。只有过去的交易或者事项才能产生资产，企业预期在未来发生的交易或者事项不形成资产。

> 例如，企业有购买某项存货的意愿或者计划，但是因购买行为尚未发生，就不符合资产的定义，不能因此而确认为存货资产。

（2）资产是企业拥有或控制的。企业拥有或者控制，是指企业享有某项资源的所有权，或者虽然不享有某项资源的所有权，但该资源能被企业控制。通常在判断资产是否拥有时，所有权是考虑的首要因素，但在有些情况下，虽然某些资产不为企业所拥有，即企业并不享用其所有权，但企业控制这些资产，同样表明企业能够从这些资产中获取经济利益。

（3）资产预期能给企业带来经济利益。这是指资产可直接或间接导致现金和现金等价物流入企业的潜力。资产必须具有交换价值和使用价值，没有交换价值和使用价值、不能给企业带来未来经济利益的资源不能确认为企业的资产。

2. 资产的确认条件

除了需符合资产的概念和特征，还要同时满足以下条件，才能被确认为资产：①与该资源有关的经济利益很可能流入企业；②该资源的成本或价值能够可靠计量。

3. 资产的分类

资产的分类如表 2-1 所示。

表 2-1　资产分类表

分类标准	分类	内容
是否具有实物形态	有形资产	厂房、机器设备等有实物形态属于有形资产
	无形资产	专利权、商标权等无实物形态属于无形资产
流动性不同	流动资产	可以在一年内或者超过一年的一个营业周期内变现或者耗用的资产
	非流动资产	不能在一年（含一年）或者超过一年的一个营业周期内变现或者耗用的资产

（二）负债

1. 负债的概念及特征

负债是指企业过去的交易或者事项形成的，预期会导致经济利益流出企业的现时义

务。其特征表现为:

(1)负债是由过去的交易或事项形成的现时义务。只有过去的交易或者事项才形成负债,企业在未来发生的承诺、签订的购买合同等交易或者事项,不形成负债。

(2)负债的清偿预期会导致经济利益流出企业。只有企业在履行义务时会导致经济利益流出企业的,才符合负债的定义,如果不会导致企业经济利益流出,就不符合负债的定义。

(3)负债是一种现时义务。现时义务是指企业在现行条件下已承担的义务。未来发生的交易或者事项形成的义务,不属于现时义务,不应当确认为负债。

2. 负债的确认条件

除了需符合负债的概念和特征外,还要同时满足以下条件,才能被确认为负债:①与该义务有关的经济利益很可能流出企业;②未来流出的经济利益的金额能够可靠计量。

3. 负债的分类

负债的分类如表 2-2 所示。

表 2-2 负债分类表

分类标准	分 类	内 容
偿还期限的长短	流动负债	指在一年或者超过一年的一个营业周期内偿还的债务
	非流动负债	指偿还期在一年以上的债务

(三)所有者权益

1. 所有者权益的概念及特征

所有者权益是指企业资产扣除负债后,由所有者享有的剩余权益。公司的所有者权益也称为股东权益。所有者权益反映了所有者对企业资产的剩余索取权,它是企业的资产扣除债权人权益后应由所有者享有的部分,既可反映所有者投入资本的保值增值情况,又体现了保护债权人权益的理念。其特征表现为:

(1)所有者权益是企业投资人对企业净资产的所有权。它受总资产和总负债变动的影响而发生增减变动。

(2)所有者权益包含所有者以其出资额的比例分享企业利润,与此同时,所有者也必须以其出资额承担企业的经营风险。

(3)所有者权益还意味着所有者有法定的管理企业和委托他人管理企业的权利。

2. 所有者权益的分类

所有者权益分类如表 2-3 所示。

任何企业,其资产形成的资金来源不外乎两种:一种是债权人提供(负债);另一种是所有者提供(所有者权益)。所有者权益是所有者对企业资产的剩余索取权,表示企业资产中扣除债权人权益之后应由所有者享有的部分。所有者权益既可以表示所有者投入资本的保值增值情况,又可以表示对债权人保护的理念。负债表示的是企业债权人对企业资产的索取权,在一般情况下,债权人对企业资产的索取权比所有者对企业资产的索取权优先。

表2-3 所有者权益分类表

来源分类	内容
所有者投入的资本	指所有者投入企业的资金,既包括构成企业的注册资本或股本部分,也包括投入资本超过注册资本或者股本部分的金额
直接计入所有者权益的利得和损失	指不应计入当期损益、会导致所有者权益发生增减变动、与所有者投入资本或者向所有者分配利润无关的利得或损失
留存收益	指企业从历年实现的利润中提取或形成的留存于企业的内部积累

> 所有者权益与债权人权益比较:
> (1)所有者权益在企业经营期内可供企业长期、持续地使用,企业不必向投资人返还资本金。而负债则须按期返还给债权人,成为企业的负担。
> (2)企业所有人凭其对企业投入的资本,享受税后分配利润的权利。所有者权益是企业分配税后净利润的主要依据,而债权人除按规定取得利息外,无权分配企业的盈利。
> (3)企业所有人有权行使企业的经营管理权,或者授权管理人员行使经营管理权,但债权人并没有经营管理权。
> (4)企业的所有者对企业的债务和亏损负有无限的责任或有限的责任,而债权人对企业的其他债务不发生关系,一般也不承担企业的亏损。

(四)收入

1. 收入的概念及特征

收入是指企业在<u>销售商品</u>、<u>提供劳务</u>等日常活动中形成的、会导致<u>所有者权益增加</u>的、<u>与所有者投入资本无关</u>的经济利益的总流入。其特征表现为:

(1)收入是从企业日常活动中产生的。日常活动是指企业为完成其经营目标所从事的经常性活动以及与之相关的活动。

> 例如,工业企业制造并销售产品、商业企业销售商品、保险公司签发保单、咨询公司提供咨询服务、软件企业为客户开发软件、安装公司提供安装服务、商业银行对外贷款、租赁公司出租资产等,均属于企业的日常活动。明确界定日常活动是为了将收入与利得相区分。日常活动是确认收入的重要判断标准。

(2)收入是与所有者投入资本无关的经济利益的总流入。收入应当会导致经济利益的流入,从而导致资产的增加。

> 例如,企业销售商品,应当收到现金或者在未来有权收到现金,才表明该交易符合收入的定义。但是,经济利益的流入有时是所有者投入资本的增加所致,所有者投入资本的增加不应当确认为收入,应当将其直接确认为所有者权益。

(3)收入会导致所有者权益增加。与收入相关的经济利益的流入应当会导致所有者权益的增加。不会导致所有者权益增加的经济利益的流入不符合收入的定义,不应确认为收入。

> 例如,企业向银行借入款项,尽管也导致了企业经济利益的流入,但该流入并不导致所有者权益的增加,而使企业承担了一项现时义务,不应将其确认为收入。应当确认一项负债。

2. 收入的确认条件

当企业与客户之间的合同同时满足下列条件时,企业应当在客户取得相关商品控制权时确认收入:①合同各方已批准该合同并承诺将履行各自义务;②该合同明确了合同各方与所转让商品或提供劳务相关的权利和义务;③该合同有明确的与所转让商品相关的支付条款;④该合同具有商业实质,即履行该合同将改变企业未来现金流量的风险、时间分布或金额;⑤企业因向客户转让商品而有权取得的对价很可能收回。

3. 收入的分类

收入的分类如图2-2所示。

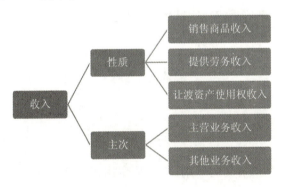

图2-2

以上介绍的收入是指狭义的收入,广义的收入还包括营业外收入,是非日常活动产生的得利。

> 收入与利得的区别:
> (1)收入是企业日常活动所产生的经济利益流入。
> (2)利得是企业非日常活动所产生的经济利益流入。

(五) 费用

1. 费用的概念及特征

费用是企业在日常活动中发生的、会导致所有者权益减少的、与向所有者分配利润无关的经济利益的总流出。费用是和收入相对应而存在的,也可以说是企业为获得收入而付出的代价。其特征表现为:

(1) 费用是企业在日常活动中发生的经济利益的总流出。日常活动是指企业为完成其经营目标所从事的经常性活动以及与之相关的其他活动。

(2) 费用会导致企业所有者权益的减少。一般而言,企业的所有者权益会随着收入的增长而增加;会随费用的增加而减少。

(3) 费用与向所有者分配利润无关。向所有者分配利润或股利虽然减少了所有者权益,但不能归入费用,属于企业利润分配的内容。

2. 费用的确认条件

除了需符合费用的概念和特征,还要同时满足以下条件,才能被确认为费用:①与费用相关的经济利益应当很可能流出企业;②经济利益流出企业的结果会导致资产的减少或者负债的增加;③经济利益流出额能够可靠计量。

3. 费用的分类

费用的分类如图 2-3 所示。

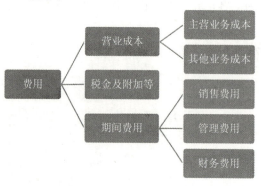

图 2-3

以上介绍的费用是指狭义的费用,广义的费用还包括营业外支出,是非日常活动产生的损失。

> 费用与损失的区别:
> (1) 费用是企业日常活动所产生的经济利益流出。
> (2) 损失是企业非日常活动所产生的经济利益流出。

(六) 利润

1. 利润的概念与特征

利润是指企业在一定会计期间的经营成果,包括收入减去费用后的余额、直接记录当期利润的利得和损失。

通常情况下,如果企业实现了利润,表明企业的所有者权益将增加,业绩得到了提升;反之,如果企业发生了亏损(即利润为负数),表明企业的所有者权益将减少,业绩下降。利润是评价企业管理层业绩的指标之一,也是投资者等财务报告使用者进行决策时的重要参考。

2. 利润的确认条件

利润反映收入减去费用、直接计入当期利润的利得减去损失后的净额。

利润的确认主要依赖于收入和费用,以及直接计入当期利润的利得和损失的确认,其金额的确定也主要取决于收入、费用、利得、损失金额的计量。

3. 利润的分类

利润是一个综合性指标,其分类如图2-4所示。

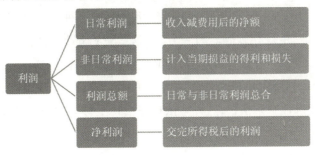

图2-4

三 会计要素的计量

会计要素的计量是为了将符合确认条件的会计要素登记入账并列报于财务报表而确定其金额的过程。

企业应当按照规定的会计计量属性进行计量,确定相关金额。主要包括历史成本、重置成本、可变现净值、现值、公允价值计量等,如图2-5所示。

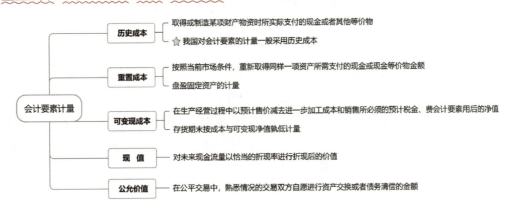

图2-5

2.2 会计等式（回复 kj0202 获取课程解析）

第二节　会计等式

一　会计等式的含义

会计等式是揭示会计要素之间内在联系的数学表达式，又称会计方程式或会计恒等式。它是各会计主体设置账户进行复式记账和编制会计报表的理论依据。

企业要从事生产经营活动，必有一定数量的资产。每一项资产，从两个不同的角度来看，就会发现，一方面，任何资产只不过是经济资源的一种实际存在或表现形式，或为机器设备，或为现金、银行存款等。另一方面，这些资产都是按照一定的渠道进入企业的，或由投资者投入，或通过银行借入等，即必定有其提供者，显然，一般人们不会无偿地将经济资源（即资产）让渡出去，也就是说，企业中任何资产都有其相应的权益要求，谁提供了资产谁就对资产拥有索偿权，这种索偿权在会计上称为权益。这样就形成了最初的会计等式。

资产 = 权益

这一等式表明，会计等式之所以成立就是因为资产和权益是同一事物的两个方面：一方面是归企业所有的一系列财产（资产）；另一方面是对这些财产的一系列所有权（权益）。而且，由于权益要求表明资产的来源，而全部来源又必与全部资产相等，所以全部资产必须等于全部权益。

而权益通常分为两种，如图 2-6 所示。

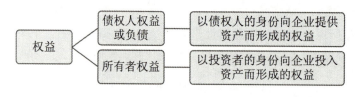

图 2-6

这样，上述等式又可表达成

资产 = 负债 + 所有者权益

这就是基本的会计等式，要理解牢记的是：任何时点，企业的所有资产，无论其处于何种形态（如现金、银行存款、固定资产等），或是借入的，或是所有者投入的，或是经营过程中所赚取的（这一部分也归所有者）。

二 会计等式的分类

(一)静态会计等式

静态会计等式是反映企业在某一特定日期财务状况的会计等式,是由静态会计要素(资产、负债和所有者权益)组合而成。其公式为

$$资产 = 负债 + 所有者权益$$

这一等式,称为财务状况等式,它反映了资产、负债和所有者权益三个会计要素之间的关系,揭示了企业在某一特定时点的财务状况。具体而言,它表明了企业在某一特定时点所拥有的各种资产以及债权人和投资者对企业资产要求权的基本状况,表明企业所拥有的全部资产,都是由投资者和债权人提供的。

(二)动态会计等式

动态会计等式是反映企业在一定会计期间经营成果的会计等式,是由动态会计要素(收入、费用和利润)组合而成。其公式为

$$收入 - 费用 = 利润$$

这一会计等式,称为财务成果等式,它反映了收入、费用和利润三个会计要素之间的关系,揭示了企业在某一特定期间的经营成果。

(三)综合会计等式

一般情况下,收入会带来企业资产的增加,费用会带来企业资产的减少。收入和费用的有利差额会增加企业的所有者权益,收入和费用的不利差额会减少企业的所有者权益。表面上看收入是企业的收入,费用是企业的费用,但根据业主权理论,企业是所有者的企业,所有者是企业风险的最终承担者,企业的盈利由企业的所有者来分享,企业的亏损也由企业的所有者来共同承担。因此,基本会计等式加入收入、费用和利润会计要素之后,仍然保持平衡关系。它们之间的逻辑关系如下:

$$资产 = 负债 + 所有者权益$$

$$利润(亏损) = 收入 - 费用$$

也可将上述逻辑关系表达为

$$期末资产 = 期末负债 + (期初所有者权益 + 收入 - 费用)$$

这一等式综合了企业利润分配前财务状况等式和经营成果等式之间的关系,揭示了企业的财务状况与经营成果之间的相互联系。

三 会计等式的应用

企业日常发生的经济业务是多种多样的,但无论企业在生产经营过程中发生什么样

的经济业务,引起资产、负债和所有者权益这三个会计基本要素在数量上发生怎样的增减变化,都不会破坏会计基本等式的平衡关系。

××公司,20×5年期初拥有资产100万元,负债40万元,所有者权益60万元。具体等式的应用下面以××公司为例来说明这种平衡关系(金额单位以万元表示)。

(1)经济业务的发生,引起会计等式左边资产与右边所有者权益同时增加,会计等式仍保持平衡,如图2-7所示。

图2-7

【例2-1】20×5年1月3日,收到股东投入资本50万元,已存入银行。

该经济业务的发生,一方面使公司"银行存款"这项资产增加50万元,另一方面使公司"实收资本"这项所有者权益增加50万元。对会计等式的影响如下:

资产(100+50) = 负债(40) + 所有者权益(60+50)

(2)经济业务的发生,引起会计等式左边资产与右边所有者权益同时减少,会计等式仍保持平衡,如图2-8所示。

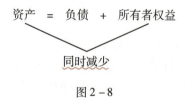

图2-8

【例2-2】5日,按法定程序报经批准,退回投资人的投资款8万元,以银行存款支付。

该经济业务的发生,一方面使公司"银行存款"这项资产减少8万元,另一方面使公司"实收资本"这项所有者权益减少8万元。对会计等式的影响如下:

资产(150-8) = 负债(40) + 所有者权益(110-8)

(3)经济业务的发生,引起会计等式左边资产与右边负债同时增加,会计等式仍保持平衡,如图2-9所示。

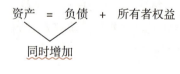

图2-9

【例2-3】8日,从A公司购入一批商品价格45万元,款项未付。

该经济业务的发生,一方面使公司"库存商品"这项资产增加45万元,另一方面使公司"应付账款"这项负债增加45万元。对会计等式的影响如下：

资产(142+45) = 负债(40+45) + 所有者权益(102)

(4)经济业务的发生，引起会计等式左边资产与右边负债同时减少，会计等式仍保持平衡，如图2-10所示。

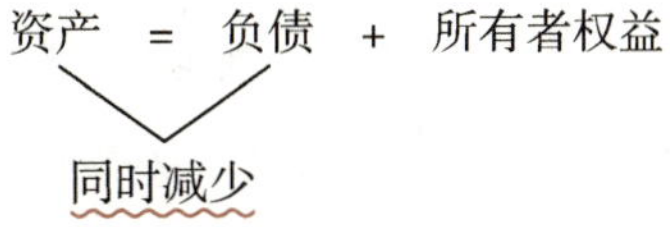

资产 = 负债 + 所有者权益

同时减少

图 2-10

【例2-4】10日，以银行存款支付欠A公司货款中的5万元。

该经济业务的发生，一方面使公司"银行存款"这项资产减少5万元，另一方面使公司"应付账款"这项负债减少5万元。对会计等式的影响如下：

资产(187-5) = 负债(85-5) + 所有者权益(102)

(5)经济业务的发生，引起会计等式左边资产内部的一增一减，会计等式仍保持平衡，如图2-11所示。

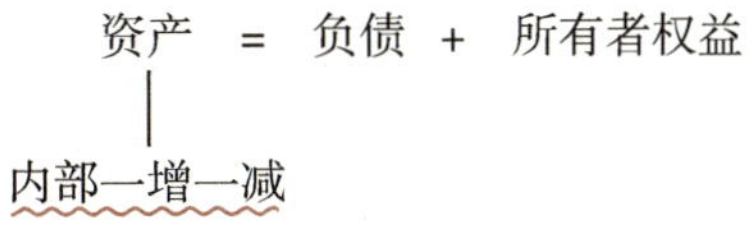

资产 = 负债 + 所有者权益

内部一增一减

图 2-11

【例2-5】15日，从银行提取现金0.3万元备用金。

该经济业务的发生，一方面使公司"库存现金"这项资产增加0.3万元，另一方面使公司"银行存款"这项资产减少0.3万元。对会计等式的影响如下：

资产(182+0.3-0.3) = 负债(80) + 所有者权益(102)

(6)经济业务的发生，引起会计等式右边负债增加，所有者权益减少，会计等式仍保持平衡，如图2-12所示。

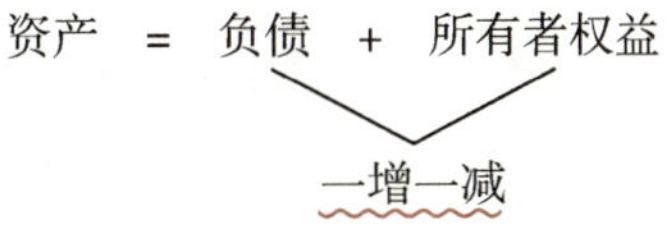

资产 = 负债 + 所有者权益

一增一减

图 2-12

【例2-6】18日，经股东大会批准，决定向股东分配利润10万元。

该经济业务的发生，一方面使公司"应付股利"这项负债增加10万元，另一方面使公司"未分配利润"这项所有者权益减少10万元。对会计等式的影响如下：

资产(182) = 负债(80+10) + 所有者权益(102-10)

(7)经济业务的发生，引起会计等式右边负债减少，所有者权益增加，会计等式仍保持平衡，如图2-13所示。

资产 ＝ 负债 ＋ 所有者权益
　　　　　　　└──┬──┘
　　　　　　　一减一增

图 2-13

【例 2-7】20 日,经协商 A 公司同意将其欠款 40 万元转为投资。

该经济业务的发生,一方面使公司"应付账款"这项负债减少 40 万元,另一方面使公司"实收资本"这项所有者权益增加 40 万元。对会计等式的影响如下:

资产(182) ＝ 负债(90－40) ＋ 所有者权益(92＋40)

(8)经济业务的发生,引起会计等式右边负债内部的一增一减,会计等式仍保持平衡,如图 2-14 所示。

资产 ＝ 负债 ＋ 所有者权益
　　　　　│
　　　内部一增一减

图 2-14

【例 2-8】25 日,经与银行协商,将到期的短期借款 10 万元,转为长期借款。

该经济业务的发生,一方面使公司"长期借款"这项负债增加 10 万元,另一方面使公司"短期借款"这项负债减少 10 万元。对会计等式的影响如下:

资产(182) ＝ 负债(50＋10－10) ＋ 所有者权益(132)

(9)经济业务的发生,引起会计等式右边所有者权益内部的一增一减,会计等式仍保持平衡,如图 2-15 所示。

资产 ＝ 负债 ＋ 所有者权益
　　　　　　　　　　│
　　　　　　　内部一增一减

图 2-15

【例 2-9】30 日,按照规定将盈余公积转增资本 20 万元。

该经济业务的发生,一方面使公司"实收资本"这项所有者权益增加 20 万元,另一方面使公司"盈余公积"这项所有者权益减少 20 万元。对会计等式的影响如下:

资产(182) ＝ 负债(50) ＋ 所有者权益(132＋20－20)

从上述九种经济业务类型对会计等式的影响,我们可以得出结论:①企业发生的任何经济业务,都不会改变会计等式的平衡关系;②一项经济业务的发生,使等式左边资产增加,等式右边的负债或者所有者权益必然会等额增加;③一项经济业务的发生,使等式左边资产减少,等式右边的负债或者所有者权益必然会等额减少。

会计等式是指明各会计要素之间的基本关系的恒等式,它是重要的知识点,也是学习复式记账的理论基础。

第三章 会计科目与账户

会计的首要任务是正确地记录经济业务和反映经济活动情况,为经济管理工作提供系统的核算资料和经济信息。核算资料和经济信息主要来源于各个账户,为此,企业必须设置账户。设置账户,首先要确定会计科目,因为账户是根据会计科目开设的。

 第一节 会计科目

为了全面、系统、分类地核算与监督各项经济业务的发生情况,以及由此而引起的各项资产、负债、所有者权益和各项损益的增减变动,就有必要按照不同会计对象分别设置会计科目。

3.1 会计科目(回复 kj0301 获取课程解析)

一 会计科目的概念

会计科目就是对会计对象的具体内容(即会计要素)分门别类进行核算所规定的项目,如图3-1所示。为了实现会计的基本职能,要从数量上核算各项会计要素的增减变化,不但需要取得各项会计要素增减变化及其结果的总括数据,而且还要取得一系列更加具体的、分类的数量指标。例如,固定资产和存货虽然都属于资产,但它们的经济内容以及在经济活动中的周转方式和所起的作用各不相同;应付账款和长期借款虽然都是负债,但它们的形成原因和偿付期限各不相同;投资者的投入资本和未分配利润虽然都是所有者权益,但它们的形成原因和用途却不一样。所以必须在六大会计要素的基础上,进一步将会计所要核算和监督的具体内容进行更加详细的分类,这种分类的项目在会计上叫作会计科目。

通过设置会计科目,可以在账户中分门别类地核算各项会计要素具体内容的增减变化,能够为企业内部经营管理和外部有关各方面提供一系列具体的分类指标。对于企业

的资产,通过设置会计科目,还可以把价值形式的综合核算和财产物资的实物核算有机地结合起来,从而有效地控制财产物资的实物形态。

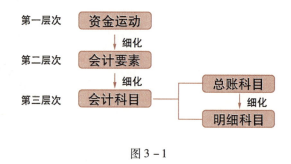

图 3-1

二 会计科目的分类

(一)按反映的经济内容分类

会计科目的分类与会计要素的构造基本相同,会计科目按其反映的经济内容可分为六大类,资产类、负债类、共同类、所有者权益类、成本类和损益类。会计科目与会计要素的关系如图 3-2 所示。

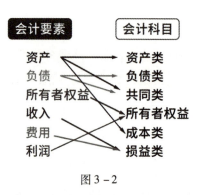

图 3-2

(1)资产类科目是对资产要素的具体内容进行分类核算的,按资产的流动性分为反映流动资产的科目和反映非流动资产的科目。

(2)负债类科目是对负债要素的具体内容进行分类核算的,按负债的偿还期限长短分为反映流动负债的科目和反映非流动负债的科目。

(3)共同类科目是既有资产性质又有负债性质的科目。

(4)所有者权益类科目是对所有者权益要素的具体内容进行分类核算的科目。

(5)成本类科目是对可归属于产品生产成本、劳务成本等资产类要素的具体内容进行分类核算的科目。

(6)损益类科目是对收入、费用等要素的具体内容进行分类核算的科目。

(二)按其所提供信息的详细程度及其统驭关系分类

会计科目按其所提供信息的详细程度及其统驭关系不同,分为总分类科目和明细分类科目。

(1)总分类科目又称为"总账科目"或"一级科目",是对会计要素(资产、负债、所有者权益、收入、费用和利润)具体内容进行总括分类、提供总括信息的会计科目,如"应收账款""应付账款""原材料"等。

(2)明细分类科目又称为"明细科目"或"细目",是对于总分类科目做进一步分类、提供更详细更具体会计信息的科目,按科目提供的指标详细程度可在总分类科目下设置二级明细科目,在二级明细科目下设置三级明细科目,以此类推。除会计制度规定设置的明细分类科目以外,企业可以根据本单位经营管理的需要和经济业务的具体内容自行设置明细分类科目。在实际工作中,除"库存现金""坏账准备""累计折旧"等少数一级科目外,大多数一级科目下都需要设置明细分类科目。

会计科目的级次关系举例,如表3-1所示。

(3)总分类科目和明细分类科目的关系。总分类科目概括反映会计对象的具体内容,明细分类科目详细反映会计对象的具体内容。总分类科目对所属明细分类科目起着统驭和控制的作用,而明细分类科目是对其总分类科目的补充和说明。

表3-1 会计科目级次关系表

总分类科目(一级科目)	明细分类科目	
	二级科目(子目)	明细科目(细目)
生产成本	基本生产成本	直接材料
		直接人工
		制造费用
原材料	主 料	涤 布
		尼龙布
	辅 料	吊 粒
		饰品钻
库存商品	婚 纱	钻饰婚纱
		珠饰婚纱
		蕾丝婚纱
	西 服	常礼服
		小礼服
		燕尾服

续表

总分类科目(一级科目)	明细分类科目	
	二级科目(子目)	明细科目(细目)
固定资产	房屋及建筑物	厂 房
		仓 库
	机器设备	针 车
		烫 台

三 会计科目的设置

(一)会计科目设置的原则

会计科目是设置账户、处理账务所必须遵守的规则和依据。一般来讲,会计科目名称的规范、会计科目的多少、会计科目的分类、会计科目的解释口径等决定着各单位会计核算的粗细程度,决定着各单位编制会计报表的需求和内容,因此会计科目的设置应尽量做到科学、合理、适用,且必须遵循合法性原则、相关性原则、实用性原则,如图3-3所示。

合法性原则
- 为了保证可比性,所设置的会计科目应当符合国家会计制度的统一规定

相关性原则
- 会计科目的设置,应为提供有关各方所需的会计信息服务,满足对外报告和对内管理的要求

实用性原则
- 根据企业的组织形式、所处行业、经营内容及业务种类等自身特点,设置符合企业需要的会计科目

图3-3

会计科目的设置既要适应经济业务发展需要,又要保证相对稳定;既要有统一性,又要有灵活性,在保证提供统一核算指标的前提下,各会计主体可以根据本单位的具体情况和经济管理要求,对统一规定的会计科目做必要的增补或合并,也就是说,会计科目的设置要简明、适用。

（二）常用会计科目

企业常用的会计科目如表3-2所示。

表3-2 常用会计科目参照表（简表）

序号	编号	会计科目名称	序号	编号	会计科目名称
一、资产类					
1	1001	库存现金	21		合同资产减值准备
2	1002	银行存款	22		合同履约成本
3	1012	其他货币资金	23		合同履约成本减值准备
4	1101	交易性金融资产	24		合同取得成本
5	1121	应收票据	25		合同取得成本减值准备
6	1121	应收账款	26		应收退货成本
7	1123	预付账款	27	1471	存货跌价准备
8	1131	应收股利	28	1521	投资性房地产
9	1132	应收利息	29	1531	长期应收款
10	1221	其他应收款	30	1601	固定资产
11	1231	坏账准备	31	1602	累计折旧
12	1401	材料采购	32	1603	固定资产减值准备
13	1402	在途物资	33	1604	在建工程
14	1403	原材料	34	1605	工程物资
15	1404	材料成本差异	35	1606	固定资产清理
16	1407	商品进销差价	36	1701	无形资产
17	1408	委托加工物资	37	1702	累计摊销
18	1405	库存商品	38	1703	无形资产减值准备
19	1406	发出商品	39	1801	长期待摊费用
20		合同资产			
二、负债类					
40	2001	短期借款	47	2231	应付利息
41	2201	应付票据	48	2232	应付股利
42	2202	应付账款	49	2241	其他应付款
43	2203	预收账款	50	2401	递延收益

续表

序号	编号	会计科目名称	序号	编号	会计科目名称
44		合同负债	51	2501	长期借款
45	2211	应付职工薪酬	52	2701	长期应付款
46	2221	应交税费	53	2801	预计负债

三、共同类（略）

四、所有者权益类

序号	编号	会计科目名称	序号	编号	会计科目名称
54	4001	实收资本	57	4103	本年利润
55	4002	资本公积	58	4104	利润分配
56	4101	盈余公积	59	4201	库存股

五、成本类

序号	编号	会计科目名称	序号	编号	会计科目名称
60	5001	生产成本	64		合同履约成本减值准备
61	5101	制造费用	65		合同取得成本
62	5301	研发支出	66		合同取得成本减值准备
63		合同履约成本			

六、损益类

序号	编号	会计科目名称	序号	编号	会计科目名称
67	6001	主营业务收入	76	6601	销售费用
68	6051	其他业务收入	77	6602	管理费用
69	6111	投资收益	78	6603	财务费用
70	6115	资产处置损益	79	6701	资产减值损失
71	6117	其他收益	80		信用减值损失
72	6301	营业外收入	81	6711	营业外支出
73	6401	主营业务成本	82	6801	所得税费用
74	6402	其他业务成本	83	6901	以前年度损益调整
75	6403	税金及附加			

（注：为减轻初学者学习负担，对于非常用会计科目并未收录。）

3.2 账户
（回复kj0302获取课程解析）

第二节 账户

会计科目只是对会计对象的具体内容进行分类的项目，没有一定的结构格式，它本身不能进行具体的核算。为了连续、全面、系统地把发生交易或事项引起会计要素的增减变动记录下来，还必须根据会计科目设置账户。

一 账户的概念

账户是根据会计科目设置的，具有一定格式，用来分类、连续地记录交易或事项，反映会计要素增减变动及其结果的一种工具。设置账户是重要的会计核算方法之一，通过设置账户可以对大量繁杂的交易或事项进行分类核算和监督，从而提供不同性质和内容的会计信息。

二 账户与科目的关系

会计科目是对会计要素的基本分类，会计账户是根据会计科目来设置的；会计科目就是会计账户的名称，相同科目和账户核算的经济业务是相同的；会计科目只是名字，而会计账户包括结构与格式，可以记录和反映会计要素增减变化及结果。

账户与科目的联系和区别如图3-4所示。

会计账户和会计科目的联系
- 二者都是对会计对象具体内容的科学分类，口径一致，性质相同，会计科目是账户的名称，也是设置账户的依据，账户是会计科目的具体运用
- 没有会计科目，账户便失去了设置的依据；没有账户，会计科目就无法发挥作用

会计账户和会计科目的区别
- 会计科目仅仅是账户的名称，不存在结构；而账户则具有一定的格式和结构
- 会计科目仅说明反映的经济内容是什么，而账户不仅说明反映的经济内容是什么，还系统反映和控制其增减变化及结余情况
- 会计科目的作用主要是为了开设账户、填制凭证；而账户的作用主要是提供某一具体会计对象的会计资料及编制会计报表

图3-4

由于会计科目就是账户的名称，所以在实际工作中，会计科目与账户常被当作同义语来理解，互相通用，不加区别。

在实际工作中，为满足会计核算的要求，应分别按总分类科目开设总分类账户，进行总分类核算，提供总分类核算指标；按明细分类科目开设明细分类账户，进行明细分类核算，提供明细分类核算指标。

三 账户的基本结构及格式

经济活动所引起的会计要素具体内容的变化是错综复杂的,但是从数量上看,不外乎就是增加和减少两种情况。所以,用来记录会计要素增减变动的账户就相应地分成两个基本部分,一方登记增加额,另一方登记减少额,这就是账户的基本结构。至于哪方登记增加额,哪方登记减少额,取决于所采用的记账方法和账户的性质而定。但是不管采用什么样的记账方法,也不论是什么性质的账户,其基本结构是不会变的。

一个完整的账户结构,一般应包括以下内容:①账户名称,即会计科目;②日期,记录经济业务的记账凭证日期(年、月、日);③凭证编号,记录经济业务的记账凭证编号;④摘要,经济业务内容的简要说明;⑤金额,反映增加和减少的金额及其余额。

账户的一般结构,如表3-3所示。

表3-3 账户名称(会计科目)

| 年 | | 凭证编号 | 摘 要 | 借 方 | 贷 方 | 借或贷 | 余 额 |
月	日						

为了直观反映和方便学习,我们通常用一种简化的格式来表示,在一个平面先画一条水平线,在水平线的中间向下画一条垂直线,将其一分为二,垂直线的左边称为左方,右边称为右方;在水平线上方写上会计科目或编码,一个简单明了的账户结构就清晰可见了,这种形状像英文字母"T",也像中文"丁",我们便把这种账户称为"T形账户"或"丁字形账户",如图3-5所示。

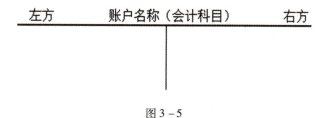

图3-5

会计要素在特定会计期间增加和减少的金额,分别称为账户的本期发生额增加和本期发生额减少,二者统称为账户的本期发生额;会计要素在会计期末的增减变动结果,称为账户的余额,余额又分为期初余额和期末余额,上一期的期末余额转入本期,即为本期的期初余额；本期的期末余额转入下一期，即为下一期的期初余额。

账户中的四个金额要素，即期初余额、本期发生额增加、本期发生额减少和期末余额。四个金额要素的关系为

本期期初余额 + 本期发生额增加 − 本期发生额减少 = 本期期末余额

> 其实这种方法早在唐宋时期就已经出现，也就是我们经常听说的四柱清册：
> 旧管 + 新收 − 开除 = 实在

第四章　会计记账方法

4.1 记账方法的分类（回复kj0401获取课程解析）

第一节　记账方法的分类

会计记账方法分类如图4-1所示。

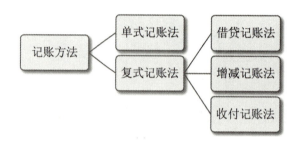

图4-1

一　单式记账法

（一）单式记账法的概念

单式记账法是指对发生的每一项经济业务，只在一个账户中加以登记的记账方法。单式记账法的记账手续简单，但没有一套完整的账户体系，账户之间的记录没有直接联系和相互平衡关系，因此，不能全面、系统地反映各项会计要素的增减变动情况和经济业务的来龙去脉，也不便于检查账户记录的正确性和完整性。

（二）单式记账法的缺点

（1）账户设置不完整，单式记账法通常只设置"库存现金""银行存款""应收账款""应付账款"等少数账户，其他账户都不设置。

(2) 按时序反映一部分经济业务,单式记账法只反映能引起货币资金、债权、债务增减变化的经济业务。

(3) 反映一部分经济业务的一个方面,单式记账法只反映货币资金、债权、债务等的增减变动,对导致其发生变动的原因不予反映。

(4) 不能进行总体试算平衡,因为单式记账法没有记录所有的经济业务,所反映的经济业务也只是一个方面,因此不能进行全面的试算平衡。

(三) 单式记账法的应用

单式记账法是一种比较简单、不完整的记录账务的记账方法,所以这种方法适用于业务简单或很单一的经济个体和家庭。一般只登记现金的收支和债权、债务等事项,有的也登记实物的收付,记账手续简单。对于那些规模小、业务少,而且只要求掌握现金、实物等少数项目增减变动的企业来说,用这种方法也可以把账记清楚。一般规模大、业务较繁的企业,不宜采用单式记账。

二 复式记账法

(一) 复式记账法的概念

复式记账法是在反映每一项经济业务时,应当以相等的金额,同时在相互联系的两个或两个以上的账户中进行登记的一种记账方法。复式记账法与单式记账法相比有明显的特点:对发生的各项经济业务,都要按规定的会计科目,至少在两个相互联系的账户间进行试算平衡。复式记账法在会计核算方法体系中占有重要地位,因为在日常会计核算工作中,从编制会计凭证到登记账簿,都要运用复式记账。

复式记账法的理论依据是"资产=负债+所有者权益"这一会计等式。按照会计等式,任何一项经济业务都会引起资产与权益之间至少两个项目发生增减变动,而且增减变动的金额相等。因此对每一笔经济业务的发生,都可以以相等的金额在两个或两个以上相关账户中做等额双重记录。这种记账如实反映了经济事物的客观联系,是一种科学的记账方法。

(二) 复式记账法的优点

与单式记账法比,复式记账法的优点主要有:

(1) 账户对应关系清楚,可以全面地反映各种经济活动的来龙去脉。

(2) 能够进行试算平衡,便于查账和对账。复式记账法对于每一项经济业务,都以相等的金额进行对应记录,便于核对和检查账户记录结果,防止和纠正错误记录。

(三) 复式记账法的种类

在我国的会计实务中,曾出现过三种复式记账法,即借贷记账法、增减记账法和收付记账法。借贷记账法是目前国际上通用的记账方法。《企业会计准则》规定,企业记账必须采用借贷记账法。

三 两种记账方法的比较

两种记账方法的比较如图4-2所示。

图4-2

4.2 借贷记账法（回复 kj0402 获取课程解析）

第二节 借贷记账法

前面我们已经介绍了复式记账法的原理。明确了每一项经济业务的发生都应当在至少两个账户中进行登记的基本原则，本节具体阐述当经济业务发生时，应使用何种记账符号和何种记账规则将其在账户中进行记录。

一 借贷记账法的符号

借贷记账法是以会计等式作为记账原理，以"借"和"贷"作为记账符号来反映经济业务增减变动的一种复式记账法。它表示的内容包括了全部经济活动资金运动变化的来龙去脉，它们逐渐失去了原来字面上的含义而转为一种单纯的记账符号，只表明记账的方向，成为一种专门的会计术语。

> 这里的"借"和"贷"不能从字面上去理解，它并非我们现实生活中所说的"借款""贷款"或代表债权债务的意思，它只是一种符号而已，用以标明记账的方向。

二 借贷记账法下的账户结构

借贷记账法下账户的基本结构分为左、右两方，所有账户的结构都是左方称为借方，右方称为贷方。

在借贷记账法下,账户的借贷两方必须按相反方向记录增加和减少,即对于某一个账户而言,如果规定以借方登记增加,就必须以贷方登记减少;如果规定以贷方登记增加,就必须以借方登记减少。究竟哪方用来登记增加,哪方用来登记减少,取决于账户所反映的经济业务内容和账户性质。各类账户增减登记情况如表4-1所示。

表4-1 借贷记账法下各类账户结构

账户性质	借 方	贷 方	期末余额
资产类账户	增 加	减 少	借 方
负债、所有者权益类账户	减 少	增 加	贷 方
收入类账户	减少(或转销)	增 加	无余额
费用类账户	增 加	减 少	无余额
成本类账户	增 加	减 少	若有余额,一般在借方

大家要分清账户增减的方向,首先要熟知这类科目属于哪类会计要素,其次区分这类会计要素的增减方向。

第二章给大家介绍的

$$资产+费用=负债+所有者权益+收入$$

等式的左边表示钱去哪儿了,右边表示钱从哪儿来(肯定有人会疑惑利润怎么没有了呢,其实利润最终会在所有者权益里体现的)。为了方便记忆,这里再介绍一种更容易理解的手部运动——双手定则法。借贷方向是确定的,根据会计等式,两只手的大拇指大,代表增加,小拇指小,代表减少;资产(成本也归属于资产类)、费用类用左手记忆;负债、所有者权益、收入类用右手记忆。手指学习法,如图4-3所示。

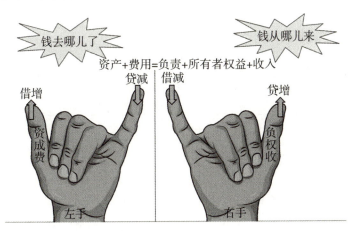

图4-3

也可按以下借贷记账法的口诀来进行记忆:

借增贷减是资产,权益和它正相反。

成本资产总相同,细细记牢莫弄乱。
损益账户要分辨,费用收入不一般。
收入增加贷方看,减少借方来结转。

无论用何种方法来记忆借贷记账法下增减的方向,最好不要死记硬背,找出自己适合的方法来进行理解记忆。

(一)资产账户的结构

资产类账户的借方登记增加额,贷方登记减少额,余额一般在借方,表示资产的结余额。计算公式为

期末借方余额 = 期初借方余额 + 本期借方发生额 − 本期贷方发生额

资产类账户的结构,如图4-4所示。

借方	资产类账户	贷方
期初余额		
本期增加的发生额	本期减少的发生额	
期末余额		

图4-4

备抵类账户是用来准备抵消的账户,是所对应科目的减项,通常是资产类才有备抵科目。资产类备抵账户的结构与所调整账户的结构正好相反。

(二)负债和所有者权益类账户的结构

"资产=负债+所有者权益"这一会计等式,决定了负债和所有者权益类账户与资产类账户的结构正好相反。负债、所有者权益类账户的贷方登记增加额,借方登记减少额,期末余额一般在贷方,表示权益的实际数额,有些账户可能无余额。计算公式为

期末贷方余额 = 期初贷方余额 + 本期贷方发生额 − 本期借方发生额

负债、所有者权益类账户的结构,如图4-5所示。

借方	负债、所有者权益类账户	贷方
	期初余额	
本期减少的发生额	本期增加的发生额	
	期末余额	

图4-5

(三)成本类账户的结构

成本类账户的结构类与资产类账户相同,借方登记增加额,贷方登记减少额。一般没有期末余额,如有余额,则表示期末尚未结转的成本,且余额在借方。

成本类账户的结构,如图4-6所示。

借方	成本类账户	贷方
本期增加的发生额		本期减少的发生额
期末余额（一般无余额）		

图 4-6

（四）损益类账户的结构

损益类账户主要包括收入类账户和费用类账户。收入的取得会导致利润的增加，费用的发生会导致利润的减少，最终都会影响所有者权益的增减变动。损益类账户是为了计算损益而设立的，所以，在会计期末应将收入、费用全额转出，计算利润。

1. 收入类账户的结构

收入类账户的结构和所有者权益类账户的结构基本相同。贷方登记增加额，借方登记减少额（转销额），期末结账时，贷方登记的本期增加额通过借方转入"本年利润"账户，以便确定当期利润，结转后无余额。

收入类账户的结构，如图 4-7 所示。

图 4-7

2. 费用类账户的结构

费用类账户和收入类账户的结构相反，与资产、成本类账户类似。费用类账户的借方登记增加额，贷方登记减少额（转销额）。期末结账时，借方登记的本期增加额通过贷方转入"本年利润"账户，以便确定当期利润，结转后无余额。

费用类账户的结构，如图 4-8 所示。

图 4-8

三、借贷记账法的记账规则

借贷记账法的记账规则可以概括为：有借必有贷，借贷必相等（图 4-9）。

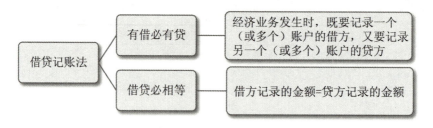

图 4-9

借贷记账法下,所记录的账户可以是同类账户,也可以是不同类账户,但必须是两个记账方向,既不能都记入借方,也不能都记入贷方;记入借方金额的合计数必须等于记入贷方金额的合计数。

假设天华企业12月份发生下列经济业务,运用借贷记账法的规则进行处理。

【例4-1】收到投资者投入资金10 000元,款项已存入银行。

此项经济业务属于资产与所有者权益同增的经济事项,使企业"实收资本"账户增加了10 000元,同时"银行存款"账户增加10 000元。以T形账表示如图4-10所示。

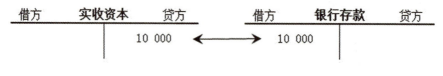

图 4-10

【例4-2】从华翼公司购入材料50 000元,材料已验收入库,由于资金周转紧张,款项尚未支付。

此项业务属于资产与负债同增的经济事项,使企业"原材料"账户增加50 000元,"应付账款"账户增加50 000元。以T形账表示如图4-11所示。

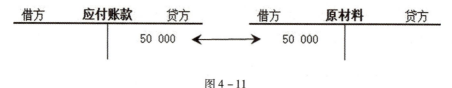

图 4-11

【例4-3】经工商行政管理部门批准,减少注册资本200 000元,以银行存款支付给投资者。

此项经济业务属于资产与所有者权益同减的经济事项,使企业"实收资本"账户减少200 000元,"银行存款"账户减少200 000元。以T形账表示如图4-12所示。

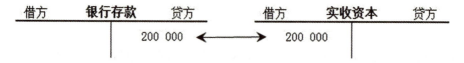

图 4-12

【例4-4】以银行存款偿还前欠华翼公司的材料款50 000元。

此项业务属于资产与负债同减的经济事项,使企业"银行存款"账户减少50 000元,"应付账款"账户减少50 000元。以T形账表示如图4-13所示。

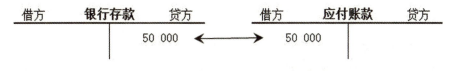

图4-13

【例4-5】购入一台生产设备,款项75 000元由银行转账支付。

此项业务属于资产内部一增一减的经济事项,使企业"银行存款"账户减少75 000元,"固定资产"账户增加75 000元。以T形账表示如图4-14所示。

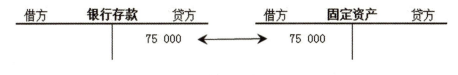

图4-14

【例4-6】按法定程序,将资本公积220 000元转增资本。

此项业务属于所有者权益内部一增一减的经济事项,使"资本公积"账户减少220 000元,"实收资本"账户增加220 000元。以T形账表示如图4-15所示。

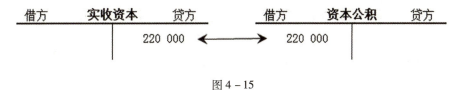

图4-15

【例4-7】签发一张面值70 000元的商业承兑汇票,抵付原欠红星公司货款50 000元。

此项业务属于负债内部一增一减的经济事项,使"应付账款"账户减少50 000元,"应付票据"增加50 000元。以T形账表示如图4-16所示。

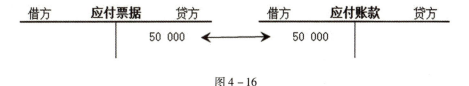

图4-16

【例4-8】按规定,将实现的利润给投资者分红250 000元,款项尚未支付。

此项业务属于负债和所有者权益一增一减的经济事项,使"应付股利"账户增加250 000元,"利润分配"账户减少250 000元。以T形账表示如图4-17所示。

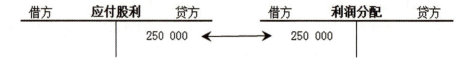

图 4-17

【例 4-9】投资者以上述应得的利润 250 000 元对本企业进行投资。

此项业务属于负债和所有者权益一减一增的经济事项,使"实收资本"账户增加 250 000 元,"应付股利"账户减少 250 000 元。以 T 形账表示如图 4-18 所示。

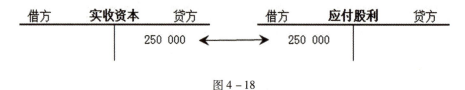

图 4-18

四 借贷记账法下的账户对应关系与会计分录

(一)账户的对应关系

账户的对应关系是指采用借贷记账法对每笔交易或事项进行记录时,相关账户之间形成的应借、应贷的相互关系。存在对应关系的账户称为对应账户。通过账户间的这种对应关系,可以了解每笔经济业务的内容,掌握经济业务的来龙去脉,检查经济业务的处理是否合理、合法。

例如,天华公司用银行存款购入设备,购入的设备记入"固定资产"账户的借方,同时支付了购买设备款,要记入"银行存款"账户的贷方,这样在"固定资产"与"银行存款"之间就形成了应借和应贷关系,即账户的对应关系。

(二)会计分录

1. 会计分录的含义

所谓会计分录,就是按照借贷记账法的规则,对每项经济业务应借、应贷账户的名称即科目及其金额的一种记录。它是构成记账凭证的基本内容,而记账凭证是会计分录的格式。

2. 会计分录的分类

按照所涉及账户的多少,会计分录可分为简单会计分录和复合会计分录两种,如图 4-19 所示。

简单会计分录

- 只涉及一个账户借方和另一个账户贷方的会计分录,即一借一贷的会计分录
- 这种会计分录下账户间的对应关系十分清晰,容易理解和掌握

复合会计分录

- 由两个(不含)以上对应账户所组成的会计分录
  - 一个借方账户与多个贷方账户互相对应
  - 多个借方账户与一个贷方账户互相对应
  - 多个借方账户与多个贷方账户互相对应的会计分录
- 复合会计分录中三种对应关系一般称作"一借多贷""多借一贷""多借多贷"

图 4-19

> 注意:只有在一笔经济业务存在复杂关系时,才能编制多借多贷的会计分录;不允许将不同类型的经济业务或事项合并编制多借多贷会计分录。复合会计分录摘要一定要写清楚。

3. 会计分录的书写格式

正确地编制会计分录,是正确填制记账凭证的前提条件,也是会计人员必须具备的基本技能。

会计分录的书写要求:先借后贷,分行列示,借贷应错开(表明借方在左,贷方在右);借贷字后加冒号,其后紧跟会计科目,如需注明明细科目,应在一级科目后面加上破折号,写上明细科目;金额用阿拉伯数字,数字后不写元,借方和贷方的金额应适当错开并各自右对齐。

【例4-10】某企业甲商品销售金额1 000元,税额30元;收到转账款500元,另530元货款暂未收。会计分录的书写范例如图4-20所示。

```
借:银行存款                          500
   应收账款                          530
   贷:主营业务收入                   1 000
      应交税费——应交增值税(销项税额)   30
```

图 4-20

以上格式的会计分录仅是在学习过程中使用的一种书写格式。在实际工作中,会计分录是通过填制记账凭证来完成的。

4. 会计分录的编制步骤

初学者学习编制会计分录,要记住三个步骤,即"三看",如图4-21所示。

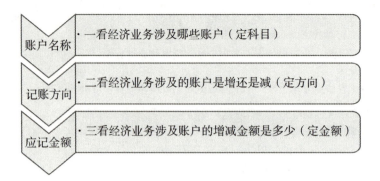

图 4-21

将【例 4-1】至【例 4-9】的业务以会计分录列示如表 4-2 所示。

表 4-2 会计分录练习

例题序号	账务处理	
例 4-1	借：银行存款 　贷：实收资本	10 000 10 000
例 4-2	借：原材料 　贷：应付账款	50 000 50 000
例 4-3	借：实收资本 　贷：银行存款	200 000 200 000
例 4-4	借：应付账款 　贷：银行存款	50 000 50 000
例 4-5	借：固定资产 　贷：银行存款	75 000 75 000
例 4-6	借：资本公积 　贷：实收资本	220 000 220 000
例 4-7	借：应付账款 　贷：应付票据	50 000 50 000
例 4-8	借：利润分配 　贷：应付股利	250 000 250 000
例 4-9	借：应付股利 　贷：实收资本	250 000 250 000

五 借贷记账法下的试算平衡

(一)试算平衡的概念与分类

根据借贷记账法"有借必有贷,借贷必相等"的记账规则。每一项经济业务发生的借方金额与贷方金额都应是相等的。因此,一定会计期间全部经济业务所编制的会计分录登账后,全部账户的借方发生额和贷方发生额应当相等,全部账户的借方期末余额与贷方期末余额也应当相等。这就形成了账户之间的一系列平衡关系。

借贷记账法的平衡分类如图4-22所示。

发生额试算平衡
- 全部账户本期借方发生额合计=全部账户本期贷方发生额合计

余额试算平衡
- 全部账户借方期末(初)余额合计=全部账户贷方期末(初)余额合计

图4-22

(二)试算平衡表的编制

试算平衡通常是通过编制试算平衡表体现出来的。试算平衡表中一般应设置"期初余额""本期发生额"和"期末余额"三大栏目,其下分设"借方"和"贷方"两个小栏,各大栏中的借方合计与贷方合计应该平衡相等,否则,便存在记账错误,也可以只设置"本期发生额"和"期末余额"两大栏目。试算平衡表的一般格式如表4-3所示。

表4-3 试算平衡表

账户名称	期初余额		本期发生额		期末余额	
	借方	贷方	借方	贷方	借方	贷方
合 计						

如试算结果不平衡,则说明记账过程肯定有问题。试算结果平衡(借贷相等)并不表示记账过程是完全正确的。试算平衡表无法发现的错误有:

(1)漏记某项经济业务,使本期借贷双方的发生额等额减少,借贷仍然平衡。

(2)重记某项经济业务,使本期借贷双方的发生额等额虚增,借贷仍然平衡。

(3)某项经济业务记录的应借应贷科目正确,但借贷双方金额同时多记或少记,且金额一致,借贷仍然平衡。

(4) 某项经济业务记错有关账户,借贷仍然平衡。

(5) 某项经济业务在账户记录中,颠倒了记账方向,借贷仍然平衡。

(6) 某借方或贷方发生额中,偶然发生多记和少记并相互抵消,借贷仍然平衡。

由于账户记录可能存在以上不能由试算平衡表来发现的错误,所以需要对一切会计记录进行日常或定期的复核,以保证账面记录的正确性。

【例 4-11】假设天华企业的期初账户余额如表 4-4 所示。

表 4-4 账户期初余额表　　　　　　　　　　　　　金额单位:元

资产类账户	金　额	负债及所有者权益类账户	金　额
银行存款	985 000	短期借款	100 000
应收票据	115 000	应付票据	237 000
应收账款	382 000	应付账款	50 000
原材料	38 000	应付股利	0
固定资产	957 000	实收资本	800 000
		资本公积	440 000
		利润分配	850 000
合　计	2 477 000	合　计	2 477 000

将该企业发生经济业务的会计分录(例 4-1 至例 4-9)记入 T 形账户中,如图 4-23 至图 4-25 所示。

借方	银行存款		贷方
期初余额	985 000		
①	10 000	③	200 000
		④	50 000
		⑤	75 000
本期发生额	10 000	本期发生额	325 000
期末余额	670 000		

借方	应收票据		贷方
期初余额	115 000		
本期发生额	0	本期发生额	0
期末余额	115 000		

借方	应收账款		贷方
期初余额	382 000		
本期发生额	0	本期发生额	0
期末余额	382 000		

借方	原材料		贷方
期初余额	38 000		
②	50 000		
本期发生额	50 000	本期发生额	0
期末余额	88 000		

借方	固定资产		贷方
期初余额	957 000		
⑤	75 000		
本期发生额	75 000	本期发生额	0
期末余额	1 032 000		

图 4-23

短期借款

借方		贷方	
		期初余额	100 000
本期发生额	0	本期发生额	0
		期末余额	100 000

应付票据

借方		贷方	
		期初余额	237 000
		⑦	50 000
本期发生额	0	本期发生额	50 000
		期末余额	287 000

应付账款

借方		贷方	
		期初余额	50 000
④	50 000	②	50 000
⑦	50 000		
本期发生额	100 000	本期发生额	50 000
		期末余额	0

应付股利

借方		贷方	
		期初余额	0
⑨	250 000	⑧	250 000
本期发生额	250 000	本期发生额	250 000
		期末余额	0

图 4-24

实收资本

借方		贷方	
		期初余额	800 000
③	200 000	①	10 000
		⑥	220 000
		⑨	250 000
本期发生额	200 000	本期发生额	480 000
		期末余额	1 080 000

资本公积

借方		贷方	
		期初余额	440 000
⑥	220 000		
本期发生额	220 000	本期发生额	0
		期末余额	220 000

利润分配

借方		贷方	
		期初余额	850 000
⑧	250 000		
本期发生额	250 000	本期发生额	0
		期末余额	600 000

图 4-25

根据【例4-11】编制试算平衡表,如表4-5所示。

表4-5 试算平衡表   金额单位:元

账户名称	期初余额		本期发生额		期末余额	
	借方	贷方	借方	贷方	借方	贷方
银行存款	985 000		10 000	325 000	670 000	
应收票据	115 000				115 000	
应收账款	382 000				382 000	
原材料	38 000		50 000		88 000	
固定资产	957 000		75 000		1 032 000	
短期借款		100 000				100 000

账户名称	期初余额		本期发生额		期末余额	
	借方	贷方	借方	贷方	借方	贷方
应付票据		237 000		50 000		287 000
应付账款		50 000	100 000	50 000		
应付股利		0	250 000	250 000		
实收资本		800 000	200 000	480 000		1 080 000
资本公积		440 000	220 000			220 000
利润分配		850 000	250 000			600 000
合　计	2 477 000	2 477 000	1 155 000	1 155 000	2 287 000	2 287 000

第五章　企业主要经济业务的核算

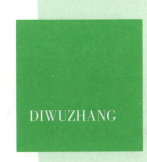

企业从各种渠道筹集资金进入生产经营准备过程,首先是使用货币资金购置机器设备等固定资产,然后购买原材料等为生产产品做好物资准备,随后才进入生产过程。

产品的生产过程也是成本和费用的发生过程,从其变化过程看,原材料等通过加工转化为产成品;从价值形态看,生产过程中发生的各种耗费形成企业的生产费用,使用厂房、机器设备等劳动资料形成折旧费用等,这些耗费的总和形成了产品的生产成本。

销售过程是产品价值的实现过程,在销售过程中,企业通过销售产品并办理结算,之后收回货款或者形成债权。每项收入抵偿各项成本、费用之后的差额,形成企业的利润,完成一次资金循环。

利润分配后,一部分资金退出企业,一部分资金以留存收益的形式继续参与企业的资金周转。

针对企业生产经营过程中发生的上述经济业务,其主要业务流程如图 5-1 所示。

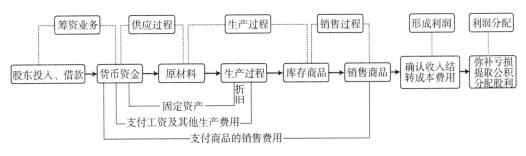

图 5-1

5.1 筹资业务的核算（回复kj0501获取课程解析）

第一节　筹资业务的核算

企业进行生产经营活动是需要资金的，那么所需资金从何而来呢？主要有两种筹集方式，如图5-2所示。

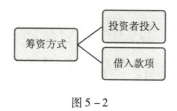

图5-2

一　投入资本的核算

投入资本是指企业投资者（所有者）在注册资本的范围内实际投入经营活动中的各种财产物资的货币表现。所谓注册资本，是指企业在设立时向工商行政管理部门登记的资本总额，也就是全部出资者设定的出资额之和。企业对资本的筹集，应该按照法律、法规、合同和章程的规定及时进行，这部分资金是企业从事生产经营活动的基本条件。资本投入按其形式不同分为几种方式，如图5-3所示。

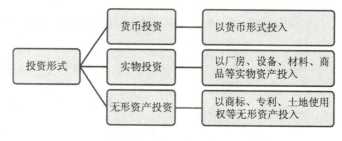

图5-3

若想要知道一个企业的注册资本是多少，有哪些途径？

> 我国现在注册公司是认缴制，也就是说公司章程上写明的注册资金在公司成立时不需要直接转入公司账户，在约定时间之前投入就可以了。那么大家思考下，投资款未到账时，是否需要做账，又有哪些涉税事项呢？

（一）账户设置

1."实收资本（或股本）"账户

"实收资本"账户（股份有限公司设置"股本"账户）属于所有者权益类账户，用来核算投资者投入资本的增减变动情况。该账户应按投资者名称设置明细分类账户,进行明细分类核算。其账户结构如图5-4所示。

借	实收资本	贷
按法定程序抽回投资款	投资者投入的资本 资本公积、盈余公积等转入	
	期末余额在贷方,反映投入资本的实有数额	

图5-4

2."资本公积"账户

"资本公积"账户属于所有者权益类账户,用来核算企业收到投资者出资额超出其在注册资本或股本中所占份额的部分以及直接计入所有者权益的利得和损失等。该账户可按资本公积的来源不同,分别设置"资本溢价(或股本溢价)""其他资本公积"等明细账户进行明细分类核算。其账户结构如图5-5所示。

借	资本公积	贷
转赠资本或弥补亏损	投资者出资额超出其在注册资本或股本所占份额 直接计入所有者权益的利得和损失	
	期末余额在贷方,反映企业资本公积的结余数额	

图5-5

3."银行存款"账户

"银行存款"账户属于资产类账户,用来核算企业存放在银行及其他金融机构的各种款项。该账户应按开户银行和其他金融机构、存款种类等,分别设置"银行存款日记账"进行明细分类核算。其账户结构如图5-6所示。

借	银行存款	贷
企业存入的款项		提取或支付的款项
反映企业实际存放在银行或其他金融机构的款项		

图5-6

（二）账务处理

新企业投入资本的账务处理举例如下：

【例5-1】开元有限责任公司成立,注册资本5 000 000元,由霍某与张某共同出资,两出资人投资比例分别为60%,40%。投资者全额投入资金已缴足并存入银行。

该经济业务的发生,一方面使企业的银行存款增加5 000 000元,记入"银行存款"账户的借方；另一方面企业实收资本增加5 000 000元，记入"实收资本"账户的贷方。相关会计分录如下：

借：银行存款——×银行×支行　　　　　5 000 000
　　贷：实收资本——霍某　　　　　　　　　　3 000 000
　　　　　　　　——张某　　　　　　　　　　2 000 000

新股东加入投入资本的账务处理举例如下：

【例5-2】开元有限责任公司经营一段时间后，投资者王某又加入，收到其投入资本500 000元，其中400 000元作为实收资本，另外100 000元作为资本公积，公司收到投资款后存入银行，相关手续已办妥。

该经济业务的发生，一方面使企业的银行存款增加500 000元，记入"银行存款"账户的借方；另一方面使企业所有者权益增加500 000元，记入"实收资本"账户贷方400 000元，"资本公积——资本溢价"账户贷方100 000元。相关会计分录如下：

借：银行存款——×银行×支行　　　　　500 000
　　贷：实收资本——王某　　　　　　　　　　400 000
　　　　资本公积——资本溢价　　　　　　　　100 000

二　借入款项的核算

企业在生产经营活动中，除了向投资者筹集资金外，还需要利用借入款项，以满足企业的资金需求。一般是向银行或其他金融机构借入资金，包括短期借款、长期借款等。短期借款是指企业为了满足其生产经营对资金的临时性需求而向银行或其他金融机构借入的期限在一年以下（含一年）的各种借款。长期借款是指企业向银行或其他金融机构借入的期限在一年以上的各种借款。

借入资金核算的内容包括借款本金和应付利息的核算。

（一）账户设置

1．"短期借款"账户

"短期借款"账户属于负债类账户，用来核算企业的短期借款。其账户结构如图5-7所示。

借	短期借款	贷
到期偿还的短期借款本金	取得的短期借款本金	
	反映企业期末尚未偿还的短期借款本金	

图5-7

2."长期借款"账户

"长期借款"账户属于负债类账户,用来核算企业的长期借款。其账户结构如图5-8所示。

借	长期借款	贷
偿还长期借款的本金和利息	借入长期借款的本金及应付未付的利息	
	反映企业期末尚未偿还的长期借款本金和利息	

图5-8

如果是分期付息,本账户只核算本金,利息部分在"应付利息"账户核算。

"短期借款"和"长期借款"账户应按借款的种类、币种和贷款人设置明细账,进行明细核算。

3."应付利息"账户

"应付利息"账户属于负债类账户,用来核算企业按照合同约定应支付的利息。其账户结构如图5-9所示。

借	应付利息	贷
支付的利息	按合同利率计算确定的应付未付的利息	
	反映企业应付未付的利息	

图5-9

4."财务费用"账户

"财务费用"账户属于损益类账户,用来核算企业为筹集生产经营所需资金等发生的筹资费用,如资产负债表日,企业按计算确定的借款利息。其账户结构如图5-10所示。

借	财务费用	贷
本期手续费、利息费用等的增加额	冲减财务费用的利息收入 期末转入"本年利润"账户的财务费用净额等	

结转后期末无余额

图5-10

(二)账务处理

短期借款的账务处理举例如下:

【例5-3】20×5年4月1日,开元公司因日常经营需要,向银行借入期限为一年的借款500 000元,年利率为6%。按季付息,到期还本。

该业务分取得借款、计提利息、支付利息和偿还本金四部分进行处理。

(1)取得借款。该经济业务的发生,一方面银行存款增加500 000元,记入"银行存款"账户的借方;另一方面短期负债增加500 000元,记入"短期借款"账户的贷方。相关会计分录如下:

  借:银行存款——×银行×支行   500 000
    贷:短期借款——×银行×支行   500 000

(2)4月30日计提利息。虽然该项借款是按季付息,但根据权责发生制原则,需要按月计提利息。该经济业务的发生,一方面利息费用增加2 500元(500 000元×6%÷12),记入"财务费用"账户的借方;另一方面应付的利息增加2 500元,记入"应付利息"账户的贷方。相关会计分录如下:

  借:财务费用——利息支出   2 500
    贷:应付利息——×银行×支行   2 500

(3)季末支付已计提三个月的利息。该经济业务的发生,一方面银行存款减少7 500元,记入"银行存款"账户的贷方;另一方面应付的利息减少7 500元,记入"应付利息"账户的借方。相关会计分录如下:

  借:应付利息——×银行×支行   7 500
    贷:银行存款——×银行×支行   7 500

每月计提利息及每季度支付利息的账务处理与(2)(3)处理方式相同,故不再重复展示。

(4)到期偿还本金。该经济业务的发生,一方面银行存款减少500 000元,记入"银行存款"账户的贷方;另一方面短期负债减少500 000元,记入"短期借款"账户的借方。相关会计分录如下:

  借:短期借款——×银行×支行   500 000
    贷:银行存款——×银行×支行   500 000

长期借款的账务处理举例如下:

【例5-4】20×5年6月1日,开元公司为建造生产车间向银行借入期限为2年的借款1 000 000元,年利率为9%,到期一次还本付息。不考虑资本化等事项。

该业务分取得借款、计提利息和偿还本息三部分进行处理。

(1)取得借款。该借款期限超过一年,应属于长期借款。一方面银行存款增加1 000 000元,记入"银行存款"账户的借方;另一方面长期负债增加1 000 000元,记入"长期借款——本金"账户的贷方。相关会计分录如下:

  借:银行存款——×银行×支行   1 000 000
    贷:长期借款——本金   1 000 000

(2)按月计提利息。该经济业务的发生,一方面利息费用增加7 500元(1 000 000元×9%÷12),记入"财务费用"账户的借方;另一方面长期借款应付的利息增加7 500元,记入"长期借款——应计利息"账户的贷方。相关会计分录如下:

借:财务费用——利息支出　　　　　　　　　　　　7 500
　贷:长期借款——应计利息　　　　　　　　　　　7 500

该业务属于到期还本付息,故计提的利息记入"长期借款——应计利息",如为分期付息到期还本,则相应的利息应记入"应付利息"账户。

(3)到期偿还本息。该经济业务的发生,一方面银行存款减少 1 180 000 元,记入"银行存款"账户的贷方;另一方面长期负债减少 1 180 000 元,记入"长期借款——本金"账户借方 1 000 000 元,"长期借款——应计利息"账户借方 180 000 元。相关会计分录如下:

借:长期借款——本金　　　　　　　　　　　　1 000 000
　　　　　——应计利息　　　　　　　　　　　　180 000
　贷:银行存款——×银行×支行　　　　　　　　1 180 000

 第二节　供应过程的核算

供应是为生产做准备的过程,包括购建固定资产和采购生产所需的原材料等,如图 5-11 所示。该过程也是资金运动的其中一个环节。

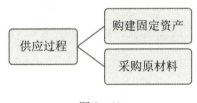

图 5-11

5.2 供应过程的核算(回复 kj0502 获取课程解析)

一　固定资产的核算

(一)固定资产概述

固定资产是指企业为生产产品、提供劳务、出租或者经营管理而持有的、使用时间超过一个会计年度的,价值达到一定标准的有形资产,包括房屋、建筑物、机器、机械、运输工具以及其他与生产经营活动有关的设备、器具、工具等。

> 一项资产的金额要达到怎样的标准才能计入固定资产并没有明确的规定,其金额标准由企业根据自身的规模和管理需要自行确定。例如,在 A 企业资产单位价值 3 000 元即可列为固定资产,但在 B 企业资产单位价值需要在 3 万元以上才列入固定资产。对同一项资产,如汽车,使用单位一般都将其归入固定资产,但在生产单位则将其归为存货。

1. 固定资产的成本

固定资产成本是指企业购建某项固定资产达到预定可使用状态前所发生的一切合理、必要的支出。

企业可以通过外购、自行建造、投资者投入、非货币性资产交换、债务重组、企业合并和融资租赁等方式取得固定资产。取得的方式不同，固定资产成本的具体构成内容及其确定方法也不尽相同。

外购固定资产的成本包括购买价款、相关税费、使固定资产达到预定可使用状态前所发生的可归属于该项固定资产的运输费、装卸费、安装费和专业人员服务费等。一般纳税人为购买固定资产需取得专票支付的增值税进项税额不计入固定资产的成本。

2. 固定资产的折旧

固定资产折旧是指固定资产在使用过程中逐渐损耗而转移到商品或费用中去，这部分转移出去的价值，就是固定资产折旧，也是企业在生产经营过程中由于使用固定资产而在其使用年限内分摊的固定资产耗费。

对于企业来说，有一个简单的公式：收入－支出＝利润。固定资产实际上也是企业花钱买来的，也是一种支出。但是往往这种支出金额很大，而且受益期很长，如果将此支出一次性计入某个月，会导致当月明显亏损，而实际上当月从该固定资产得到的受益不会这么多。同时，其他受益的月份，又没有体现应有的支出，所以，将固定资产入账后，在受益期内平均其支出，按月列支。这样才能真实地反映出当期企业的经营成果。

企业应当按月对所有的固定资产计提折旧，但已提足折旧仍继续使用的固定资产、单独计价入账的土地和持有待售的固定资产除外。提前报废的固定资产，不再补提折旧。

> 固定资产折旧的计提时间：
> 当月增加的固定资产，当月不计提折旧，从下月起计提折旧。
> 当月减少的固定资产，当月仍计提折旧，从下月起不计提折旧。

3. 预计净残值

预计净残值是指假定固定资产预计使用寿命已满并处于使用寿命终了时的预期状态，企业目前从该项资产处置中获得的扣除预计处置费用后的金额。预计净残值率是指固定资产预计净残值额占其原价的比率。企业应当根据固定资产的性质和使用情况，合理确定固定资产的预计净残值。固定资产的预计净残值一经确定，不得变更。

4. 固定资产的折旧方法

固定资产可选用的折旧方法有年限平均法、双倍余额递减法、工作量法和年数总和法。

（1）年限平均法又称直线法，是最简单并且常用的一种方法。此法是以固定资产的原价减去预计净残值除以预计使用年限，求得每年的折旧费用。计算公式为

$$年折旧率 = (1 - 预计净残值率) \div 预计使用年限 \times 100\%$$

$$月折旧额 = 固定资产原价 \times 年折旧率 \div 12$$

使用这种方法计提折旧,在各使用年限中,固定资产转移到产品成本中的价值是均等的,折旧的累计额呈直线上升的趋势。

这种方法最大的优点是简单明了,易于掌握,简化了会计核算。但也存在很多不足,忽略了"何时受益,何时承担"的配比原则,特别是在一台设备使用初期和末期要与它的使用高峰期承担相同的折旧费用,显然是不合理的。比如,固定资产在使用前期操作效能高,使用资产所获得收入比较高。根据收入与费用配比的原则,前期计提的折旧额应该多些才合理。

【例5-5】开元公司购入一台不需要安装的机械设备,该固定资产原价为120 000元,预计使用年限为10年,预计净残值率为2%,则每月应计提的折旧额计算如下:

$$月折旧额 = 120\ 000 \times (1 - 2\%) \times 100\% \div 10 \div 12 = 980(元)$$

(2)工作量法,是根据实际工作量计提折旧额的一种方法。根据企业的经营活动情况或设备的使用状况来计提折旧。计算公式为

$$单位工作量折旧额 = 固定资产原价 \times (1 - 预计净残值率) / 预计总工作量$$

$$某项固定资产月折旧额 = 该项固定资产当月工作量 \times 单位工作量折旧额$$

这种方法弥补了平均年限法只重使用时间,不考虑使用强度的特点。如果使用程度与产品的生产工作量有关,可以选择工作量法。

实际工作中,对于运输企业的车辆及生产企业某些价值大而又不经常使用或季节性使用的大型机器设备,可以用工作量法来计提折旧。

【例5-6】开元公司购入一台不需要安装的车床,该固定资产原价为120 000元,预计可以生产A产品10 000件,预计净残值率为2%,当月生产A产品500件,则当月应计提的折旧额计算如下:

$$当月折旧额 = 500 \times \frac{120\ 000 \times (1 - 2\%)}{10\ 000} = 5\ 880(元)$$

(3)双倍余额递减法,是指在不考虑固定资产预计净残值的情况下,根据每期期初固定资产原价减去累计折旧后的金额(即固定资产净值)和双倍的直线法折旧率计算固定资产折旧的一种方法。计算公式为

$$年折旧率 = \frac{2}{预计使用年限} \times 100\%$$

$$月折旧额 = 固定资产净值 \times 年折旧率 \div 12$$

通常在其折旧年限到期前两年内,将固定资产净值扣除预计净残值后的余额平均摊销。

(4)年数总和法,是将固定资产的原价减去预计净残值的余额乘以一个以固定资产尚可使用寿命为分子、以预计使用寿命逐年数字之和为分母的逐年递减的分数,计算每年的折旧额。计算公式为

$$年折旧率 = \frac{尚可使用寿命}{预计使用寿命的年数总和} \times 100\%$$

月折旧额 =（固定资产原价 - 预计净残值）× 年折旧率 ÷ 12

某设备预计使用 5 年，则预计使用寿命的年数总和为 15(5 + 4 + 3 + 2 + 1)。第 2 年时尚可使用寿命为 4，此年的年折旧率为 4/15。

(3)和(4)属于加速折旧法，其特点是在固定资产有效使用年限的前期多提折旧，后期则少提折旧。从而相对加快折旧的速度，以使固定资产成本在有效使用年限中加快得到补偿。

企业应当根据与固定资产有关的经济利益的预期实现方式合理选择折旧方法，固定资产的折旧方法一经确定，不得随意变更。

> 《中华人民共和国企业所得税法实施条例》规定，固定资产按照直线法计算的折旧，准予扣除。
>
> 固定资产计算折旧的最低年限如下：①房屋、建筑物，为 20 年；②飞机、火车、轮船、机器、机械和其他生产设备，为 10 年；③与生产经营活动有关的器具、工具、家具等，为 5 年；④飞机、火车、轮船以外的运输工具，为 4 年；⑤电子设备，为 3 年。

5. 固定资产的处置

固定资产处置包括固定资产的出售、转让、报废或毁损、对外投资、非货币性资产交换、债务重组等。固定资产的处置通过"固定资产清理"账户核算。

（二）账户设置

1. "固定资产"账户

"固定资产"账户属于资产类账户，用来核算企业持有的固定资产原价。该账户可按固定资产类别和项目进行明细核算。其账户结构如图 5 - 12 所示。

借	固定资产	贷
固定资产原价的增加		固定资产原价的减少
期末固定资产的原价		

图 5 - 12

2. "在建工程"账户

"在建工程"账户属于资产类账户，用来核算固定资产的建造、更新改造、安装等工程的成本。

"在建工程"账户一般可按工程类别分别设置"建筑工程""安装工程"等明细账户，进行明细核算。其账户结构如图 5 - 13 所示。

借	在建工程	贷
企业尚未完工的在建工程所发生的实际成本		工程建设达到预定可使用状态时转出的成本
企业尚未达到预定可使用状态的在建工程成本		

图 5 - 13

3. "累计折旧"账户

"累计折旧"账户属于资产类备抵账户,用来核算企业固定资产计提的累计折旧。其账户结构如图5－14所示。

借	累计折旧	贷
因减少固定资产而转出的累计折旧	按月提取的折旧增加额	
	反映期末固定资产的累计折旧额	

图 5－14

4. "固定资产清理"账户

"固定资产清理"账户属于资产类账户,用来核算企业固定资产处置的情况。其账户结构如图5－15所示。

借	固定资产清理	贷
固定资产转入清理的净值和清理过程中发生的费用	出售固定资产的取得的价款、残料价值和变价收入	
借方余额表示清理后的净损失	贷方余额表示清理后的净收益	

图 5－15

(三)账务处理

固定资产的账务处理举例如下:

1. 购入固定资产

【例5－7】开元公司为一般纳税人,20×5年5月10日购入一套房屋,所取得增值税专用发票上注明的金额2 400 000元,增值税额为216 000元,全部款项用银行存款支付。采用直线法计提折旧,折旧年限为40年,不考虑净残值。

该经济业务的发生,一方面固定资产增加2 400 000元,记入"固定资产"账户的借方,进项税额增加216 000元,记入"应交税费——应交增值税(进项税额)"账户的借方;另一方面付款使银行存款减少2 616 000元,记入"银行存款"账户的贷方;相关会计分录如下:

借:固定资产——房屋　　　　　　　　　　　　2 400 000
　　应交税费——应交增值税(进项税额)　　　　216 000
　贷:银行存款——×银行×支行　　　　　　　　2 616 000

2. 计提折旧

固定资产计提的折旧按用途记入相关资产的成本或者当期损益,借记"制造费用""销售费用""管理费用""研发支出""其他业务成本"等账户,贷记"累计折旧"账户。

【例5－8】20×5年6月30日,开元公司对【例5－7】中购入的房屋计提折旧,金额为2 400 000÷40÷12＝5 000(元),假如该房屋由销售部门使用。

该折旧的发生,一方面使费用增加5 000元,记入"销售费用"账户的借方;另一方面折旧额也增加5 000元,记入"累计折旧"账户的贷方;相关会计分录如下:

借:销售费用——折旧费　　　　　　　　　　　　　5 000
　　贷:累计折旧　　　　　　　　　　　　　　　　　　5 000

3. 固定资产处置

固定资产的处置有两种类型如图5-16所示。

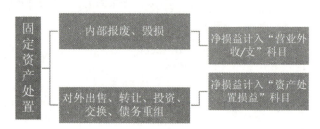

图5-16

处置固定资产的相关分录如表5-1所示。

表5-1　处置固定资产的相关分录

交易事项	会计分录
固定资产转入清理	借:固定资产清理 　　累计折旧 　　固定资产减值准备 　贷:固定资产
发生清理费	借:固定资产清理 　　应交税费——应交增值税(进项税额) 　贷:银行存款
处置价款收入及残料入库	收回价款和税款 借:银行存款 　贷:固定资产清理 　　　应交税费——应交增值税(销项税额) 残料入库 借:原材料 　贷:固定资产清理
保险赔偿	借:其他应收款(保险公司或过失人赔款) 　贷:固定资产清理

续表

交易事项	会计分录
清理净损益	因报废毁损产生的得利或损失 借:营业外支出 　贷:固定资产清理 或者 借:固定资产清理 　贷:营业外收入 因出售、转让等原因产生的固定资产处置得利或损失 借:固定资产清理 　贷:资产处置损益 (或相反分录)

二　材料采购的核算

(一)材料采购成本

材料采购成本是指企业物资从采购到入库前所发生的全部合理的、必要的支出,包括购买价款、运输费、保险费、装卸费、途中的合理损耗、挑选整理费、入库前的仓储费和除增值税进项税额以外的其他税费,以及其他可归属于采购成本的费用。

> 损耗分合理损耗、不合理损耗和意外损耗,只有合理损耗才计入采购成本;不合理损耗无过失人的计入管理费用,有过失人的由过失人赔偿;意外损耗计入营业外支出。

(二)账户设置

1."原材料"账户

"原材料"账户属于资产类账户,用来核算企业库存材料的增减变动和结存情况。该账户可按材料的保管地、类别、品种和规格设置明细账,进行明细核算。其账户结构如图5-17所示。

借	原材料	贷
入库材料的实际成本		发出材料的实际成本
反映企业期末库存材料的实际成本		

图 5-17

2."应付账款"账户

"应付账款"账户属于负债类账户,用于核算企业因购买材料、商品和接受劳务等经营活动应支付的款项。该账户可按债权人进行明细核算。其账户结构如图 5-18 所示。

借	应付账款	贷
已偿还的账款	因购入材料、商品和接受劳务等应付未付的款项	
	期末余额一般在贷方，反映企业期末应付未付的账款余额	

图 5-18

3. "应付票据"账户

"应付票据"账户属于负债类账户，用来核算企业因购买材料、接受劳务等向供应方开出并承诺到期付款的商业汇票。开出的票据要设置"应付票据备查簿"，详细登记商业汇票的种类、出票日期、到期日、票据面值、票面利率、交易合同号、收票人名称等资料，支付完成后加以注销。该账户可按债权人进行明细核算。其账户结构如图 5-19 所示。

借	应付票据	贷
到期商业汇票的实际支付额	企业开出的商业汇票的应付额	
	反映尚未到期、应付而未付的应付票据款	

图 5-19

4. "应交税费"账户

"应交税费"账户属于负债类账户，用于核算按照国家规定应缴纳的各项税费，包括企业依法交纳的增值税、消费税、企业所得税、资源税、城市维护建设税、房产税、土地使用税、教育费附加、地方教育费附加、印花税等税费，以及在上缴国家之前，由企业代收代缴的个人所得税等。这些应交税费应按照权责发生制原则进行确认、计提，在尚未缴纳之前暂时留存企业，形成一项负债。该账户按应交税费的种类设置明细账，进行明细核算，其账户结构如图 5-20 所示。

借	应交税费	贷
实际缴纳的各项税费	应交未交的税费	
期末借方余额反映企业多交或尚未抵扣的税费	期末贷方余额反映企业应交未交的各种税款	

图 5-20

(三)账务处理

材料采购的账务处理举例如下：

【例 5-9】开元公司为一般纳税人，20×5 年 6 月 1 日从甲公司购入一批 A 材料，收到的增值税专用发票上注明的材料价款为 30 000 元,增值税 3 900 元。另外,A 公司代垫运杂费 500 元,款项尚未支付,材料已验收入库。

该经济业务的发生,一方面材料增加 30 500 元,记入"原材料——甲材料"账户的借方,进项税额增加 3 900 元,记入"应交税费——应交增值税(进项税额)"账户的借方;另一方面欠款增加 34 400 元,记入"应付账款"账户的贷方。相关会计分录如下:

借:原材料——甲材料　　　　　　　　　　　　30 500
　　应交税费——应交增值税(进项税额)　　　　 3 900
　　贷:应付账款——A 公司　　　　　　　　　　　34 400

【例 5-10】接上例,20×5 年 6 月 5 日,开元公司开出一张期限为 3 个月的商业承兑汇票抵其欠款 34 400 元。

该经济业务的发生,一方面应付账款减少 34 400 元,记入"应付账款"账户的借方;另一方面应付票据增加 34 400 元,记入"应付票据"账户的贷方。相关会计分录如下:

借:应付账款——A 公司　　　　　　　　　　　34 400
　　贷:应付票据——A 公司　　　　　　　　　　　34 400

【例 5-11】接上例,20×5 年 9 月 5 日,商业承兑汇票到期,以银行存款支付欠款 34 400 元。

该经济业务的发生,一方面应付票据减少 34 400 元,记入"应付票据"账户的借方;另一方面银行存款减少 34 400 元,记入"银行存款"账户的贷方。相关会计分录如下:

借:应付票据——A 公司　　　　　　　　　　　34 400
　　贷:银行存款——×银行×支行　　　　　　　　34 400

第三节　生产业务的核算

5.3 生产业务的核算(回复 kj0503 获取课程解析)

一　生产业务概述

企业产品的生产过程同时也是生产资料的耗费过程。企业在生产过程中发生的各项生产费用是企业为获得收入而预先垫支并需要得到补偿的资金耗费。这些费用最终都要归集、分配给特定的产品,形成产品的成本。因此,我们要把一定时期内企业生产过程中所发生的费用,按其性质和发生的地点,分类归集、汇总、核算,计算出该时期内生产费用发生总额,并按适当方法分别计算出各种产品的实际成本和单位成本。

生产费用是指与企业日常生产经营活动有关的费用,按其经济用途可分为<u>直接材料</u>、<u>直接人工</u>和<u>制造费用</u>,如表 5-2 所示。

表 5-2　生产费用的分类

生产费用类别	核算内容
直接材料	直接材料是指企业在生产产品和提供劳务过程中所消耗的直接用于产品生产并构成产品实体的原料、主要材料、外购半成品以及有助于产品形成的辅助材料和其他直接材料。在生产过程中,直接材料的价值一次全部转移到新生产的产品中去,构成了产品成本的重要组成部分
直接人工	直接人工是指支付给直接参与产品生产的生产工人工资及社保福利费等。由于生产工人直接从事产品生产,人工费用的发生能明确判断应由哪种产品负担,因此,这些费用发生后直接归集到各产品成本中去
制造费用	制造费用是指企业为生产产品和提供劳务而发生的各项间接费用。因为无法直接确定其受益对象,所以在这些费用发生时,首先通过制造费用进行归集,期末再对所有的受益对象采用一定的方法进行分配后,再转入生产成本

二　账户设置

(一)"生产成本"账户

"生产成本"账户属于成本类账户,用来核算企业生产各种产品(自制半成品、产成品等)发生的各项生产成本。其账户结构如图 5-21 所示。

借	生产成本	贷
应计入产品生产成本的各项生产费用(料、工、费)		完工入库产成品结转的生产成本
表示尚未完工的在产品成本		

图 5-21

(二)"制造费用"账户

"制造费用"账户属于成本类账户,用来核算企业生产车间为生产产品和提供劳务而发生的各项间接费用,包括企业生产部门发生的水电费、固定资产折旧、无形资产摊销、车间管理人员的职工薪酬、劳动保护费、国家规定的有关环保费用、季节性和修理期间的停工损失等。其账户结构如图 5-22 所示。

借	制造费用	贷
实际发生的各项制造费用		期末按照一定标准分配转入"生产成本"账户借方的应计入产品成本的制造费用

(期末结转后,该账户一般无余额)

图 5-22

(三)"应付职工薪酬"账户

"应付职工薪酬"账户属于负债类账户,用来核算企业根据有关规定已计入成本费用的职工薪酬总额,包括各种工资、奖金、津贴和福利费等。该账户可按"工资""福利费""社会保险费"等进行明细核算。其账户结构如图 5-23 所示。

借　　　　应付职工薪酬　　　　贷
本月实际支付的职工薪酬数额 | 本月计提职工薪酬的总额
| 反映企业应付未付的职工薪酬

图 5-23

(四)"库存商品"账户

"库存商品"账户属于资产类账户,用来核算企业库存商品的收、发和结存情况。其账户结构如图 5-24 所示。

借　　　　库存商品　　　　贷
验收入库的库存商品成本 | 发出的库存商品成本
反映企业期末库存商品的实际成本 |

图 5-24

三 账务处理

生产业务的账务处理举例如下:

(一)领用原材料

【例 5-12】20×5 年 6 月,开元公司发出材料如表 5-3 所示。

表 5-3　发出材料汇总表

用途	甲材料		乙材料		合计
	数量	金额	数量	金额	
A 产品	1 000	2 000	700	2 800	4 800
B 产品	800	1 600	500	2 000	3 600
小　计	1 800	3 600	1 200	4 800	8 400
车间一般耗用	100	200	100	400	600
合　计	1 900	3 800	1 300	5 200	9 000

从上表中可以看出,A 产品直接耗用甲、乙材料共 4 800 元,B 产品直接耗用甲、乙材

65

料共 3 600 元,车间一般耗用甲、乙材料共 600 元。

该经济业务的发生,一方面使 A 产品生产成本增加 4 800 元,记入"生产成本——A 产品"账户的借方,B 产品生产成本增加 3 600 元,记入"生产成本——B 产品"账户的借方,车间一般耗费增加 600 元,记入"制造费用"账户的借方;另一方面使甲材料减少 3 800 元,记入"原材料——甲材料"账户的贷方,乙材料减少 5 200 元,记入"原材料——乙材料"账户的贷方。相关会计分录如下:

借:生产成本——A 产品　　　　　　　　　4 800
　　　　　——B 产品　　　　　　　　　　3 600
　　制造费用　　　　　　　　　　　　　　600
　贷:原材料——甲材料　　　　　　　　　　3 800
　　　　　——乙材料　　　　　　　　　　5 200

(二)计提职工薪酬

【例 5-13】20×5 年 6 月,开元公司计提本月职工工资共 120 000 元,生产车间工人工资 70 000 元(其中,生产 A 产品工人工资 40 000 元,B 产品工人工资 30 000 元),车间管理人员工资 20 000 元,行政管理人员工资 30 000 元。

该经济业务的发生,一方面使应付工资增加 120 000 元,记入"应付职工薪酬"账户的贷方;其中生产 A 产品工人的工资 40 000 元,记入"生产成本——A 产品"账户的借方,生产 B 产品工人的工资 30 000 元,记入"生产成本——B 产品"账户的借方,车间管理人员的工资 20 000 元,记入"制造费用"账户的借方,行政管理人员的工资 30 000 元,记入"管理费用"账户的借方。

借:生产成本——A 产品　　　　　　　　　40 000
　　　　　——B 产品　　　　　　　　　　30 000
　　制造费用　　　　　　　　　　　　　　20 000
　　管理费用　　　　　　　　　　　　　　30 000
　贷:应付职工薪酬——工资　　　　　　　　120 000

(三)分配制造费用

【例 5-14】20×5 年 6 月 30 日,开元公司结转本月制造费用 20 600 元,其中 A 产品耗用工时 2 000 小时,B 产品耗用工时 1 600 小时。制造费用的分配采用产品耗用的工时比例进行分配。

　　制造费用分配率 = 20 600 ÷ (2 000 + 1 600) ≈ 5.72(元/小时)
　　A 产品制造费用 = 2 000 × 5.72 = 11 440(元)
　　B 产品制造费用 = 20 600 - 11 440 = 9 160(元)

该经济业务的发生,一方面 A 产品成本增加 11 440 元,记入"生产成本——A 产品"账户的借方,B 产品成本增加 9 160 元,记入"生产成本——B 产品"账户借方;另一方面使制造费用减少 20 600 元,记入"制造费用"账户的贷方。相关会计分录如下:

借:生产成本——A 产品	11 440
——B 产品	9 160
贷:制造费用	20 600

(四)结转完工产品成本

【例 5-15】20×5 年 6 月 30 日,开元公司结转已完工产品成本,月初生产成本无余额,本月生产的产品全部完工。A 产品完工 1 000 件,生产成本 56 240 元;B 产品完工 800 件,生产成本 42 760 元。产成品成本计算,如表 5-4 所示。

表 5-4 产成品成本计算表　　　　　　　　　　　　　金额单位:元

项　目	产品成本		合　计
	A 产品	B 产品	
直接材料	4 800	3 600	8 400
直接人工	40 000	30 000	70 000
制造费用	11 440	9 160	20 600
合计	56 240	42 760	99 000
数量/件	1 000	800	
单位成本/元	56.24	53.45	

该经济业务的发生,一方面使 A 完工产品增加 56 240 元,记入"库存商品——A 产品"账户的借方,B 完工产品增加 42 760 元,记入"库存商品——B 产品"账户的借方;另一方面使制造费用减少 99 000 元,记入"生产成本"账户的贷方。相关会计分录如下:

借:库存商品——A 产品	56 240
——B 产品	42 760
贷:生产成本——A 产品	56 240
——B 产品	42 760

四　周转材料的核算

周转材料是指企业能够多次使用、逐渐转移其价值但仍保持原有形态不确认为固定资产的材料。

(一)账户设置

"周转材料"账户属于资产类账户,核算企业周转材料的计划成本或实际成本,包括包装物、低值易耗品,以及企业(建造承包商)的钢模板、木模板、脚手架等。企业的包装物、低值易耗品,也可以单独设置"包装物""低值易耗品"科目。本账户可按周转材料的种类,分别"在库""在用"和"摊销"进行明细核算。其账户结构如图 5-25 所示。

借	周转材料	贷
购入、自制、委托外单位加工完成并已验收入库的周转材料		领用、摊销、盘亏等原因减少的周转材料成本
反映企业在库周转材料的成本以及在用周转材料的摊余价值		

图 5-25

(二)账务处理

企业购入、自制、委托外单位加工完成并已验收入库的周转材料等,比照"原材料"科目的相关规定进行处理。周转材料的的摊销方法有一次转销法、五五转销法和分次转销法,其账务处理如表 5-5 所示。

表 5-5 周转材料账务处理

摊销方法	业务	账务处理
一次转销法	领用时	借:管理费用/生产成本/销售费用等科目 贷:周转材料
五五转销法、分次转销法	领用时	借:周转材料——在用 贷:周转材料——在库
	摊销时	借:管理费用/生产成本/销售费用等科目 贷:周转材料——摊销
	报废时补提摊销额	借:管理费用/生产成本/销售费用等科目 贷:周转材料——摊销
	转销全部已提摊销额	借:周转材料——摊销 贷:周转材料——在用

5.4 销售业务的核算(回复 kj0504 获取课程解析)

第四节 销售业务的核算

一 销售业务概述

无论何种类型的企业,前期所发生的购买材料、加工产品和费用的支出等,最终目的都是为了将产品销售出去,取得销售收入,使企业的生产耗费得到补偿。因此,销售过程

核算的主要内容如图5-26所示

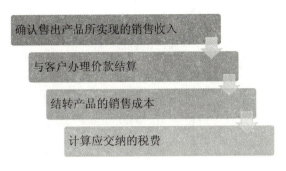

图5-26

二 账户设置

(一)"主营业务收入"账户

"主营业务收入"账户属于损益类账户,用来核算企业销售产品或提供劳务而取得的主营业务收入。其账户结构如图5-27所示。

借	主营业务收入	贷
发生销售退回和销售折让时,冲减本期销售收入 期末转入"本年利润"账户的本期产品销售收入		企业已经实现的产品销售收入

(期末结转后,该账户无余额)

图5-27

(二)"主营业务成本"账户

"主营业务成本"账户属于损益类账户,用来核算作为主营业务成本计入当期损益的已销售产品的成本。其账户结构如图5-28所示。

借	主营业务成本	贷
已销售产品的实际成本		期末转入"本年利润"账户的已销售产品的实际成本

(期末结转后,该账户无余额)

图5-28

(三)"其他业务收入"账户

"其他业务收入"账户属于损益类账户,用来核算企业确认的除主营业务活动以外的其他经营活动实现的收入，包括出租固定资产、出租无形资产、出租包装物和商品、销售材料等所取得的收入。其账户结构如图 5 – 29 所示。

借	其他业务收入	贷
期末转入"本年利润"账户的其他业务收入		企业实现的其他业务收入

（期末结转后，该账户无余额）

图 5 – 29

（四）"其他业务成本"账户

"其他业务成本"账户属于损益类账户，用来核算企业确认的除主营业务活动以外的其他经营活动所发生的成本，包括销售材料的成本、出租固定资产的折旧额、出租无形资产的摊销额、出租包装物的成本或摊销额等。其账户结构如图 5 – 30 所示。

借	其他业务成本	贷
其他业务的实际成本		期末转入"本年利润"账户的其他业务的成本

（期末结转后，该账户无余额）

图 5 – 30

（五）"应收账款"账户

"应收账款"账户属于资产类账户，用来核算企业在经营过程中因销售商品、提供劳务等业务，应向购买单位收取的全部款项，包括应由购买单位或接受劳务单位负担的税金、代购买方垫付的各种运杂费等。其账户结构如图 5 – 31 所示。

借	应收账款	贷
企业销售商品、提供劳务等应收的账款		已收回或冲减的应收账款
期末余额一般在借方，反映尚未收回的账款		期末余额在贷方反映客户多付的款项，表示预收的款项，属于企业的一笔债务

图 5 – 31

（六）"应收票据"账户

"应收票据"属于资产类账户，用来核算企业因赊销商品、提供劳务等而收到的商业汇票。该账户应按开出或承兑商业汇票的单位进行明细核算。其账户结构如图 5 – 32 所示。

借	应收票据	贷
登记企业收到的商业汇票		商业汇票的收回或转让
反映企业持有的尚未到期的商业汇票金额。		

图 5-32

企业应当设置"应收票据备查簿",逐笔登记商业汇票的种类、号数和出票日、票面金额、交易合同号、付款人、承兑人、背书人的姓名或单位名称,到期日、背书转让日、贴现日、贴现率和贴现净额以及收款日和收回金额、退票情况等资料。商业汇票到期结清票款或退票后,在备查簿中应予以注销。

三 账务处理

销售业务的账务处理举例如下:

【例5-16】20×5年6月30日,开元公司销售给宏达公司A产品1 000件,单位售价100元,合计金额100 000元,增值税销项税额为13 000元。已办妥交付手续,货款尚未收到。A产品的成本为56.24元/件。

该业务分确认收入、结转成本两部分进行处理。

(1)确认收入时:该经济业务的发生,一方面主营收入增加100 000元,记入"主营业务收入"账户的贷方,销项税额增加13 000元,记入"应交税费——应交增值税(销项税额)"账户的贷方;另一方面应收账款增加113 000元,记入"应收账款"账户的借方。相关会计分录如下:

借:应收账款——宏达公司　　　　　　　　　113 000
　　贷:主营业务收入　　　　　　　　　　　　　　100 000
　　　　应交税费——应交增值税(销项税额)　　　13 000

(2)结转成本时:该经济业务的发生,一方面存货减少56 240元,记入"库存商品——A产品"账户的贷方;另一方面本期销售成本增加56 240元,记入"主营业务成本"账户的借方。相关会计分录如下:

借:主营业务成本　　　　　　　　　　　　　56 240
　　贷:库存商品——A产品　　　　　　　　　　　56 240

【例5-17】接上例,20×5年7月10日,收到宏达公司寄来的一张3个月期的银行承兑汇票,面值为113 000元,抵付所欠货款。

该经济业务的发生,一方面应收票据增加113 000元,记入"应收票据——宏达公司"账户的借方;另一方面应收账款减少113 000元,记入"应收账款——宏达公司"账户的贷方。相关会计分录如下:

借:应收票据——宏达公司　　　　　　　　　113 000

    贷:应收账款——宏达公司　　　　　　　　　　　　113 000

【例5-18】开元公司赊销乙材料10 000个给利新公司,单位售价8元,合计金额80 000元,增值税销项税额为10 400元。已办妥交付手续,货款尚未收到。A产品的成本为4元/个。

该业务分确认收入、结转成本两部分进行处理。

(1)确认收入时:该经济业务的发生,一方面收入增加80 000元,因销售材料并非其主营业务,故记入"其他业务收入"账户的贷方,销项税额增加10 400元,记入"应交税费——应交增值税(销项税额)"账户的贷方;另一方面使应收账款增加90 400元,记入"应收账款"账户的借方。相关会计分录如下:

    借:应收账款——利新公司　　　　　　　　　　　90 400
      贷:其他业务收入　　　　　　　　　　　　　　80 000
        应交税费——应交增值税(销项税额)　　　10 400

(2)结转成本时:该经济业务的发生,一方面使企业存货减少40 000元,记入"原材料——乙材料"账户的贷方;另一方面使本期销售成本增加40 000元,记入"其他业务成本"账户的借方。相关会计分录如下:

    借:其他业务成本　　　　　　　　　　　　　　　40 000
      贷:原材料——乙材料　　　　　　　　　　　　40 000

5.5 应交税费(回复kj0505获取课程解析)

第五节　应交税费

一　应交税费概述

企业必须按照国家规定履行纳税义务,对其经营所得依法缴纳的各种税费。我国税种包括增值税、消费税、企业所得税、个人所得税、城市维护建设税、资源税、土地增值税、房产税、车船税、城镇土地使用税、印花税、环境保护税和烟叶税等。

关税、耕地占用税、契税和车辆购置税不通过"应交税费"科目核算外,其他应缴税费应按照权责发生制原则进行确认、计提,在尚未缴纳之前暂时留在企业,形成一项负债(应缴未缴的税费)。

二　应交增值税

增值税,是以商品(含应税劳务、应税行为)在流转过程中实现的增值额作为计税依据而征收的一种流转税。我国增值税相关法规规定，在我国境内销售货物、提供加工修理修配劳务、销售应税服务、销售无形资产和不动产以及进出口货物的单位和个人为增值税的纳税义务人。增值税纳税人分为两类，其类型和税额计算方法如表 5-6 所示。

表 5-6 增值税纳税人的类型及税额计算表

纳税人类型	计税方法	应纳税额计算公式
一般纳税人	一般计税	∑销售额×税率 − ∑购进额×税率
	简易计税	∑销售额×征收率
小规模纳税人	简易计税	∑销售额×征收率

一般计税方法当期增值税应纳税额的计算公式为

当期应纳税额 = 当期销项税额 − 当期进项税额

当期销项税额小于当期进项税额不足抵扣时，其不足部分可以结转下期继续抵扣。

简易计税方法应纳税额的计算公式为

应纳税额 = 不含税销售额 × 征收率

（一）会计账户及专栏设置

(1)增值税一般纳税人的科目设置如图 5-33、图 5-34 所示。

应交税费

应交增值税	待认证进项税额
未交增值税	待抵扣进项税额
预交增值税	待转销项税额
增值税留抵税额	简易计税
转让金融商品应交增值税	
代扣代交增值税	

图 5-33

应交税费——应交增值税

进项税额	销项税额
转出未交增值税	进项税额转出
销项税额抵减	转出多交增值税
已交税金	出口退税
减免税款	
出口抵减内销产品应纳税额	

图 5-34

其具体核算内容如表5-7所示。

表5-7 一般纳税增值税科目设置

一级	二级	三级栏目	内容
应交税费——一般纳税人	应交增值税	进项税额	记录一般纳税人购进货物、加工修理修配劳务、服务、无形资产或不动产而支付或负担的、准予从当期销项税额中抵扣的增值税额
		销项税额	记录一般纳税人销售货物、加工修理修配劳务、服务、无形资产或不动产应收取的增值税额
		进项税额转出	记录一般纳税人购进货物、加工修理修配劳务、服务、无形资产或不动产等发生非正常损失以及其他原因而不应从销项税额中抵扣、按规定转出的进项税额
		转出未交增值税	分别记录一般纳税人月度终了转出当月应交未交或多交的增值税额
		转出多交增值税	
		销项税额抵减	记录一般纳税人按照现行增值税制度规定因扣减销售额而减少的销项税额
		已交税金	记录一般纳税人当月已交纳的应交增值税额
		减免税款	记录一般纳税人按现行增值税制度规定准予减免的增值税额
		出口抵减内销产品应纳税额	记录实行"免、抵、退"办法的一般纳税人按规定计算的出口货物的进项税抵减内销产品的应纳税额
		出口退税	记录一般纳税人出口货物、加工修理修配劳务、服务、无形资产按规定退回的增值税额
	待认证进项税额		核算一般纳税人由于未经税务机关认证而不得从当期销项税额中抵扣的进项税额。包括:一般纳税人已取得增值税扣税凭证、按照现行增值税制度规定准予从销项税额中抵扣,但尚未经税务机关认证的进项税额;一般纳税人已申请稽核但尚未取得稽核相符结果的海关缴款书进项税额。
	未交增值税		核算一般纳税人月度终了从"应交增值税"或"预交增值税"明细科目转入当月应交未交、多交或预缴的增值税额,以及当月交纳以前期间未交的增值税额
	预交增值税		核算一般纳税人转让不动产、提供不动产经营租赁服务、提供建筑服务、采用预收款方式销售自行开发的房地产项目等,以及其他按现行增值税制度规定应预缴的增值税额
	待抵扣进项税额		核算一般纳税人已取得增值税扣税凭证并经税务机关认证,按照现行增值税制度规定准予以后期间从销项税额中抵扣的进项税额。包括:一般纳税人自2016年5月1日后取得并按固定资产核算的不动产或者2016年5月1日后取得的不动产在建工程,按现行增值税制度规定准予以后期间从销项税额中抵扣的进项税额;实行纳税辅导期管理的一般纳税人取得的尚未交叉稽核比对的增值税扣税凭证上注明或计算的进项税额

续表

一级	二级	三级栏目	内容
应交税费——一般纳税人		待转销项税额	核算一般纳税人销售货物、加工修理修配劳务、服务、无形资产或不动产,已确认相关收入(或利得)但尚未发生增值税纳税义务而需于以后期间确认为销项税额的增值税额
		增值税留抵税额	核算兼有销售服务、无形资产或者不动产的原增值税一般纳税人,截止到纳入营改增试点之日前的增值税期末留抵税额按照现行增值税制度规定不得从销售服务、无形资产或不动产的销项税额中抵扣的增值税留抵税额
		简易计税	核算一般纳税人采用简易计税方法发生的增值税计提、扣减、预缴、缴纳等业务
		转让金融商品应交增值税	核算增值税纳税人转让金融商品发生的增值税额
		代扣代交增值税	核算纳税人购进在境内未设经营机构的境外单位或个人在境内的应税行为代扣代缴的增值税

(2)小规模纳税人只需在"应交税费"科目下设置"应交增值税"明细科目,不需要设置上述专栏及除"转让金融商品应交增值税""代扣代交增值税"外的明细科目。

(二)账务处理

1.取得资产或接受劳务等业务的账务处理

(1)采购等业务的账务处理。

借:材料采购/在途物资/原材料/库存商品/生产成本/无形资产/固定资产/管理费用等

应交税费——待认证进项税额(可抵扣,但未勾选确认)

应交税费——应交增值税(进项税额)(已勾选确认)

贷:应付账款

提示:增值税勾选确认后准予抵扣时,

借:应交税费——应交增值税(进项税额)

贷:应交税费——待认证进项税额

(2)采购等业务进项税额不得抵扣的账务处理。

一般纳税人购进货物、加工修理修配劳务、服务、无形资产或不动产,用于简易计税方法计税项目、免征增值税项目、集体福利或个人消费等,其进项税额按照现行增值税制度规定不得从销项税额中抵扣的,取得增值税专用发票时,应借记相关成本费用或资产科目。

借:成本费用等科目

贷:应交税费——待认证进项税额(未认证)

应交税费——应交增值税(进项税额转出)(已认证)

(3)货物等已验收入库但尚未取得增值税扣税凭证的账务处理(货到票未到)。

一般纳税人购进的货物等已到达并验收入库,但尚未收到增值税扣税凭证并未付款的,应在月末按货物清单或相关合同协议上的价格暂估入账,不需要将增值税的进项税额暂估入账。

借:原材料/库存商品/无形资产/固定资产等
　　贷:应付账款——暂估

下月初,用红字冲销原暂估入账金额,待取得相关增值税扣税凭证后,再做正常的购进处理。

2. 销售等业务的账务处理

(1)企业销售货物、加工修理修配劳务、服务、无形资产或不动产。

借:应收账款/应收票据/银行存款
　　贷:主营业务收入/其他业务收入/固定资产清理/工程结算
　　　　应交税费——应交增值税(销项税额)
　　　　应交税费——简易计税(一般纳税人简易计税)

发生销售退回的,应根据按规定开具的红字增值税专用发票做相反的会计分录

(2)视同销售的账务处理。

企业将自产或委托加工的货物用于集体福利或个人消费,将自产、委托加工或外购的货物作为投资、分配给股东或投资者、无偿赠送他人等,税法视同销售行为,计算确认增值税销售税额。

企业应将视同销售与正常销售一样。

借:应付职工薪酬/长期股权投资/应付股利/营业外支出/
　　贷:主营业务收入
　　　　应交税费——应交增值税(销项税额)

注意:视同销售和进项税额转出区别如表5-8所示。

表5-8 视同销售 VS 进项税额转出

项目	自产或委托加工	外购
集体福利	视同销售	进项税额转出
个人消费	视同销售	进项税额转出
投资	视同销售	视同销售
分配给股东或投资者	视同销售	视同销售
无偿赠送他人	视同销售	视同销售

3. 月末转出多交增值税和未交增值税的账务处理

月度终了,企业应当将当月应交未交或多交的增值税自"应交增值税"明细科目转入

"未交增值税"明细科目。

(1)当月应交未交的增值税。

借:应交税费——应交增值税(转出未交增值税)

　贷:应交税费——未交增值税

(2)当月多交的增值税。

借:应交税费——未交增值税

　贷:应交税费——应交增值税(转出多交增值税)

4.交纳增值税的账务处理

(1)交纳当月应交增值税的账务处理。

借:应交税费——应交增值税(已交税金)

　贷:银行存款

(2)交纳以前期间未交增值税的账务处理。

借:应交税费——未交增值税

　贷:银行存款

(3)预缴增值税的账务处理。

借:应交税费——预交增值税

　贷:银行存款

月末,企业应将"预交增值税"明细科目余额转入"未交增值税"明细科目。

借:应交税费——未交增值税

　贷:应交税费——预交增值税

房地产开发企业等在预缴增值税后,应直至纳税义务发生时方可从"应交税费——预交增值税"科目结转至"应交税费——未交增值税"科目。

5.减免增值税的账务处理

借:应交税费——应交增值税(减免税款)

　贷:营业外收入/其他收益

6.小规模纳税人增值税的账务处理

小规模纳税人实行简易办法征收增值税,其购进货物、加工修理修配劳务、服务、无形资产或不动产,取得增值税专用发票上注明的增值税一律不得抵扣,应计入相关成本费用或资产。

(1)采购等业务的账务处理。

借:材料采购/在途物资/原材料/库存商品等

　贷:应付账款/应付票据/银行存款等

(2)销售业务的账务处理。企业销售货物、加工修理修配劳务、服务、无形资产或不动产。

借:应收账款/应收票据/银行存款

贷:主营业务收入/其他业务收入

　　应交税费——应交增值税

发生销售退回的,应根据按规定开具的红字增值发票做相反的会计分录。

(3)交纳增值税的账务处理。

借:应交税费——应交增值税

　　贷:银行存款

7.增值税税控系统专用设备和技术维护费用抵减增值税额的账务处理

按现行增值税制度规定,企业初次购买增值税税控系统专用设备支付的费用以及交纳的技术维护费允许在增值税应纳税额中全额抵减。账务处理如图5-35所示。

一般纳税人	小规模纳税人
1.购买时: 　　借:管理费用 　　　贷:银行存款/库存现金 2.按规定抵减的增值税应纳税额: 　　借:应交税费——应交增值税(减免税款) 　　　贷:管理费用	1.购买时: 　　借:管理费用 　　　贷:银行存款/库存现金 2.按规定抵减的增值税应纳税额: 　　借:应交税费——应交增值税 　　　贷:管理费用

图5-35

8.关于小微企业免征增值税的会计处理规定

现行规定小规模纳税人发生增值税应税销售行为,合计月销售额未超过15万元(以1个季度为1个纳税期的,季度销售额未超过45万元,下同)的,免征增值税。将有关应交增值税转入当期损益。具体规定参考《零基础学税务》增值税章节。

借:应交税费——应交增值税

　　贷:营业外收入

一般纳税人的账务处理举例如下:

【例5-19】碧佳商贸公司本月购进商品一批,取得的增值税专用发票上注明金额100 000元,税额13 000元。银行存款支付货款。账务处理如下:

借:库存商品　　　　　　　　　　　　　　　　　　100 000

　　应交税费——应交增值税(进项税额)　　　　　 13 000

　　贷:银行存款　　　　　　　　　　　　　　　　113 000

【例5-20】碧佳商贸公司本月销售商品一批,开具的增值税专用发票上注明金额200 000元,税额26 000元。款项已存入银行。账务处理如下:

借:银行存款　　　　　　　　　　　　　　　　　　226 000

贷:主营业务收入　　　　　　　　　　　　　　　　200 000
　　　应交税费——应交增值税(销项税额)　　　　　26 000

【例5-21】碧佳商贸公司本月以现金交纳税控系统技术维护费280元,增值税普通发票显示金额264.15元,税额15.85元。账务处理如下:

　　借:管理费用　　　　　　　　　　　　　　　　　280
　　贷:库存现金　　　　　　　　　　　　　　　　　　280

【例5-22】碧佳商贸按规定抵减税控系统技术维护费。账务处理如下:

　　借:应交税费——应交增值税(减免额税款)　　　　280
　　贷:管理费用　　　　　　　　　　　　　　　　　　280

【例5-23】碧佳商贸公司月末结转增值税。账务处理如下:

　　借:应交税费——应交增值税(转出未交增值税)　　12 720
　　贷:应交税费——未交增值税　　　　　　　　　　12 720

【例5-24】碧佳商贸公司,月末或年末统一结平一次"应交税费——应交增值税"三级栏目下的金额。账务处理如下:

　　借:应交税费——应交增值税(销项税额)　　　　　26 000
　　贷:应交税费——应交增值税(进项税额)　　　　　13 000
　　　　应交税费——应交增值税(减免额税款)　　　　280
　　　　应交税费——应交增值税(转出未交增值税)　　12 720

【例5-25】碧佳商贸公司,次月缴纳增值税。账务处理如下:

　　借:应交税费——未交增值税　　　　　　　　　　12 720
　　贷:银行存款　　　　　　　　　　　　　　　　　12 720

小规模的账务处理举例如下:

【例5-26】北霸商贸公司本月购进商品一批,取得的增值税专用发票上注明金额100 000元,税额13 000元。银行存款支付货款。账务处理如下:

　　借:库存商品　　　　　　　　　　　　　　　　　11 300
　　贷:银行存款　　　　　　　　　　　　　　　　　113 000

注意:小规模纳税人应以取得发票的总金额(无论是专票还是普票)计入库存商品的成本中去。

【例5-27】北霸商贸公司本月销售商品一批,开具的增值税普通发票上显示金额150 000元,税额4 500元。款项已存入银行。账务处理如下:

　　借:银行存款　　　　　　　　　　　　　　　　　154 500
　　贷:主营业务收入　　　　　　　　　　　　　　　150 000
　　　　应交税费——应交增值税　　　　　　　　　　4 500

【例5-28】北霸商贸公司本月以现金交纳税控系统技术维护费280元,增值税普通发票显示金额264.15元,税额15.85元。账务处理如下:

借:管理费用 280
　　贷:库存现金 280

【例5-29】北霸商贸公司,按月申报增值税,享受增值税小微的优惠。账务处理如下:
借:应交税费——应交增值税 4 500
　　贷:营业外收入/其他收益 4 500

注意:小微的优惠政策见《零基础学税务》增值税小微企业税收优惠。

三 税金及附加

税金及附加包括消费税、城市维护建设税、教育费附加、地方教育附加、资源税、房产税、车船税、城镇土地使用税、印花税等。

(一)账户设置

税金及附加是企业从事相关经营事项所应承担的的相关税费。通常情况下,企业应当设立"税金及附加"账户,并对这些类别的税费进行核算。该账户属于损益类账户。账户结构如图5-36所示。

借	税金及附加	贷
企业经营活动发生的税金及附加		期末转入"本年利润"账户的税金及附加

(期末结转后,该账户无余额)

图 5-36

(二)账务处理

1. 附加税费的账务处理

城市维护建设税、教育费附加和地方教育附加统称为附加税费,其账务处理如表5-9所示。

表5-9　附加税费的账务处理

业务类型	账务处理
计　提	借:税金及附加 　　贷:应交税费——应交城市维护建设税 　　　　　　　　——应交教育费附加 　　　　　　　　——应交地方教育附加
缴　纳	借:应交税费——应交城市维护建设税 　　　　　　——应交教育费附加 　　　　　　——应交地方教育附加 　　贷:银行存款

附加税费的计算可参考《零基础学税务》。

【例5-30】位于市区的碧佳公司,计提其附加税。账务处理如下:

借:税金及附加　　　　　　　　　　　　　　　1 526.40
　　贷:应交税费——应交城市维护建设税　　　　　　890.40
　　　　　　　　——应交教育费附加　　　　　　　　381.60
　　　　　　　　——应交地方教育附加　　　　　　　254.40

【思考】在[例5-29]中北霸公司的增值税减免了,其附加税怎样正理?如果北霸公司的销售额提高一些,后边的涉税及账务处理又是怎样的呢?

2. 印花税的账务处理

印花税是对在我国境内书立应税凭证、进行证券交易的单位和个人,为印花税的纳税人。具体的税目税率及申报等可参考《零基础学税务》。

【例5-31】税务局对碧佳商贸公司的买卖合同按核定比例征收,本月应承担印花税101.70元。账务处理如下:

借:税金及附加　　　　　　　　　　　　　　　101.70
　　贷:应交税费——应交印花税　　　　　　　　　101.70

【思考】在[例5-31]中的公司如果换成北霸公司,其印花税有怎样的优惠?以及印花税的金额是多少呢?账务正理怎么做?可以翻阅《零基础学税务》哦。

第六节　期间费用的核算

5.6 期间费用的核算(回复kj0506获取课程解析)

期间费用是指企业日常活动中不能直接归属于某个特定成本核算对象的、在发生时应直接计入当期损益的各种费用。期间费用的内容如图5-37所示。

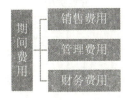

图5-37

一　销售费用

销售费用指企业在销售商品和材料、提供劳务过程中发生的各项费用,包括企业在销售商品过程中发生的包装费、保险费、展览费和广告费、商品维修费、预计产品质量保证损失、运输费、装卸费等费用。

"销售费用"账户应按销售费用的具体项目进行明细核算。其账户结构如图 5-38 所示。

图 5-38

【例 5-32】开元公司为宣传新产品发生广告费 5 000 元,以银行存款支付,取得增值税普通发票。

该经济业务的发生,一方面企业存款减少 5 000 元,记入"银行存款"账户的贷方;另一方面本期费用增加 5 000 元,记入"销售费用"账户的借方。相关会计分录如下:

借:销售费用——广告费　　　　　　　　　　　　5 000
　　贷:银行存款——×银行×支行　　　　　　　　　5 000

二　管理费用

管理费用指企业为组织和管理生产经营活动而发生的各种管理费用,包括的具体项目有企业董事会和行政管理部门在企业经营管理中发生的,或者应当由企业统一负担的公司经费、工会经费、劳动保险费、董事会费、聘请中介机构费、咨询费、诉讼费、业务招待费、办公费、差旅费、邮电费、绿化费、管理人员工资及福利费等。

"管理费用"账户应按管理费用的具体项目进行明细核算。其账户结构如图 5-39 所示。

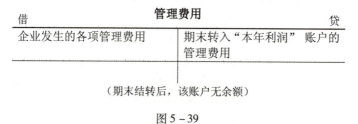

图 5-39

【例 5-33】20×5 年 6 月,开元公司管理部门共发生费用 56 800 元,其中:管理人员薪酬 50 000 元,管理用办公设备折旧费 5 000 元,管理人员报销差旅费 1 000 元(假定报销人均未预借差旅费,该支出以库存现金支付),其他办公、水电费 800 元(均用银行存款支付)。

该经济业务的发生,一方面费用增加 56 800 元,记入"管理费用"账户的借方;另一方面本期应付薪酬增加 50 000 元,记入"应付职工薪酬"账户的贷方,本期折旧增加 5 000

元,记入"累计折旧"账户的贷方,现金减少 1 000 元,记入"库存现金"账户的贷方,存款减少 800 元,记入"银行存款"账户的贷方。相关会计分录如下:

借:管理费用——工资等　　　　　　　　　　56 800
　　贷:应付职工薪酬——工资　　　　　　　　50 000
　　　　累计折旧　　　　　　　　　　　　　　5 000
　　　　库存现金　　　　　　　　　　　　　　1 000
　　　　银行存款——×银行×支行　　　　　　　800

三　财务费用

财务费用是指企业为筹集生产经营所需资金等而发生的费用。具体项目有利息净支出(利息支出减利息收入后的差额)、汇兑净损失(汇兑损失减汇兑收益的差额)、金融机构手续费以及筹集生产经营资金发生的其他费用等。

"财务费用"账户应按财务费用的具体项目进行明细核算。其账户结构如图 5-40 所示。

（期末结转后,该账户无余额）

图 5-40

【例 5-34】20×5 年 6 月 23 日,开元公司支付本季度银行借款的利息,共 150 元。

该经济业务的发生,一方面企业存款减少 150 元,记入"银行存款"账户的贷方;另一方面使本期财务费用增加 150 元,记入"财务费用"账户的借方。相关会计分录如下:

借:财务费用——利息支出　　　　　　　　　150
　　贷:银行存款——×银行×支行　　　　　　150

第七节　其他常见业务的核算

一　待摊费用

待摊费用是指支出先发生,费用归属后发生的事项,按照时间长短分为长期待摊

5.7 其他常见业务的核算(回复 kj0507 获取课程解析)

用和短期待摊费。

（一）长期待摊费用

长期待摊费用是账户用于核算企业已经支出，但摊销期限在1年以上（不含1年）的各项费用，包括已提足折旧的固定资产的改建支出、经营租入固定资产的改建支出、符合税法规定的固定资产大修理支出和其他长期待摊费用等。长期待摊费用可按费用项目进行明细核算。

1. 账户设置

"长期待摊费用"账户属于资产类账户。长期待摊费用可按费用项目进行明细核算。其账户设置如图5-41所示。

借	长期待摊费用	贷
长期待摊费用的增加数	本月摊的长期待摊费用	
反映企业尚未摊销完毕的长期待摊费用的摊余价值		

图 5-41

2. 账务处理

长期待摊费用根据其受益对象计入相关资产的成本或者费用中去，并冲减长期待摊费用。其主要账务处理如表5-10所示。

表 5-10 长期待摊费用的主要账务处理

业务类型	账务处理
发生时	借：长期待摊费用 　　贷：银行存款等科目
摊销时	借：制造费用/销售费用/管理费用等科目 　　贷：长期待摊费用

【例5-35】北霸气公司租入一套房子供管理部门使用，以银行存款一次性支付3年租金360 000元。

支付房租时，
借：长期待摊费用——办公楼房租　　　360 000
　　贷：银行存款　　　　　　　　　　　　　360 000
每月摊销时，
借：管理费用——租金　　　　　　　　10 000
　　贷：长期待摊费用——办公楼房租　　　　10 000

（二）短期待摊费用

短期待摊费用是指企业已经支出，但应当由本期和以后各期分别负担的、分摊期在1

年以内(含1年)的各项费用,如预付保险费、一次性购买印花税票和一次性购买印花税税额较大需分摊的数额等。

1. 账户设置

"预付账款"账户结构如图5-42所示。

借	预付账款	贷
采购预付的款项 预付的短期待摊费用	购进时冲销的预付款项 摊销的短期待摊费用	
反映企业实际预付的款项和未摊销的短期待摊费用	反映企业尚未补付的款项	

图5-42

2. 账务处理

"预付账款"账户中的待摊费用根据其受益对象计入相关资产的成本或者费用中去,并冲减预付账款。其主要账务处理如表5-11所示。

表5-11 长期待摊费用的主要账务处理

业务类型	账务处理
发生时	借:预付账款 　贷:银行存款等科目
摊销时	借:制造费用/销售费用/管理费用等科目 　贷:预付账款

【例5-36】北霸气公司租入一套房子专供销售部门使用,以银行存款一次性支付1年租金120 000元。

支付房租时,

借:预付账款——销售部房租　　　　　　120 000

　贷:银行存款　　　　　　　　　　　　　12 000

每月摊销时,

借:销售费用——租金　　　　　　　　　10 000

　贷:预付账款——销售部房租　　　　　　10 000

二 工资、社保和个税的核算

企业需要按照权责发生制对本月发生的工资社保等进行计提并发放,而企业作为扣缴义务人,在发放工资的时候还需对纳税义务人的个税进行预扣预缴。

对于计提工资、扣个税和申报个税的跨度期是3个月,其账务处理如表5-12所示。

表 5–12　工资、社保和个税的账务处理

业务类型	账务处理
1 月份计提工资及社保	借:成本费用类科目 　贷:应付职工薪酬——工资 　　　　　　　　——社保(企业部分)
2 月份发放工资时	借:应付职工薪酬——工资 　贷:应交税费——应交个人所得税 　　　其他应付款——社保(个人部分) 　　　银行存款
2 月份缴纳社保	借:应付职工薪酬——社保(企业部分) 　　其他应付款——社保(个人部分) 　贷:银行存款
3 月份申报个税	借:应交税费——应交个人所得税 　贷:银行存款

5.8 利润形成和分配业务的核算(回复 kj0508 获取课程解析)

第八节　利润形成和分配业务的核算

一　利润形成和分配业务概述

利润是企业一定期间生产经营活动的最终成果,核算利润的基本计算方法是收入减去费用。如果收入大于费用,差额为正,形成利润;反之,则为亏损。

企业的利润来源于两个方面:①日常经营活动,即企业销售商品、提供劳务和让渡资产使用权而取得的经济利益总流入,减去日常经营活动中发生的相应的经济利益总流出后的差额;②非日常经营活动,即来源于日常经营活动以外的各种收益和利得等。利润由营业利润、利润总额和净利润三个层次构成。

利润的形成过程可以分步表示如下:

营业利润＝营业收入－营业成本－税金及附加－销售费用－管理费用－财务费用－资产减值损失－信用减值损失＋投资收益＋公允价值变动收益＋资产处置收益

其中,　　　　　营业收入＝主营业务收入＋其他业务收入

营业成本＝主营业务成本＋其他业务成本

利润总额＝营业利润＋营业外收入－营业外支出

净利润＝利润总额－所得税费用

营业利润是企业营业收入减去营业成本、税金及附加和期间费用等的余额，它是企业利润的主要来源。

营业外收支净额是指与企业生产经营没有直接关系的各种营业外收入减去营业外支出后的净额。属于营业外收入的项目有财产盘盈、无法偿还的应付账款等；属于营业外支出的项目有财产盘亏、毁损、自然灾害造成的损失等。

企业实现的利润总额应向国家交纳所得税，所得税后的净利润属于企业的净收益，应按规定的顺序进行分配。如果企业有以前年度发生的亏损尚未弥补，应先弥补亏损，然后按净利润的一定比例提取盈余公积，最后再向投资者分配利润。经过上述分配后结余的未分配利润，形成企业留存收益的一部分。

利润分配是指企业按照国家有关规定和投资者的决议，对企业所取得的利润进行分配。企业的利润分配涉及各方面的经济利益。因此，必须严格按照企业会计制度及相关法规的规定来进行。

二 账户设置

为核算财务成果，企业除了设置主营业务收入、主营业务成本、管理费用、销售费用等账户外，还应设置以下几个账户。

（一）"营业外收入"账户

"营业外收入"账户属于损益类账户，用来核算企业非日常生产经营活动形成的、应当计入当期损益、会导致所有者权益增加、与所有者投入资本无关的经济利益的净流入。它主要包括捐赠利得、债务重组利得、非货币性资产交换利得、盘盈利得等。该账户应按照营业外收入的具体项目进行明细核算。其账户结构如图5-43所示。

图 5-43

（二）"营业外支出"账户

"营业外支出"账户属于损益类账户，用来核算企业非日常生产经营活动发生的、应当计入当期损益、会导致所有者权益减少、与向所有者分配利润无关的经济净流出。它包括存货的盘亏、毁损、报废损失，自然灾害等不可抗力因素造成的损失，税收滞纳金，罚金，罚款，被没收财物的损失，捐赠支出，赞助支出等。该账户应按照营业外支出的具体项目进行明细核算。其账户结构如图5-44所示。

借	营业外支出	贷
企业发生的各项营业外支出		期末转入"本年利润"账户的营业外支出

(期末结转后，该账户无余额)

图 5-44

(三)"所得税费用"账户

"所得税费用"账户属于损益类账户，用来核算企业确认的应从当期利润总额中扣除的所得税费用。其账户结构如图 5-45 所示。

借	所得税费用	贷
企业应计入当期损益的所得税		企业期末转入"本年利润"账户的所得税

(期末结转后，该账户无余额)

图 5-45

(四)"本年利润"账户

"本年利润"账户属于所有者权益类账户，用来核算企业在年度内实现的净利润或发生的净亏损。其账户结构如图 5-46 所示。

借	本年利润	贷
期末由各费用类账户转入的金额		期末由各收入类账户转入的金额
表示本年累计的亏损		表示本年累计的净利润

(年末结转后，该账户无余额)

图 5-46

在年度中间，该账户的余额保留在本账户内，不予结转，表示截止到本期本年累计实现的净利润(或亏损)。年度终了时，再将"本年利润"账户的余额转入"利润分配——未分配利润"账户。结转后该账户无余额。

(五)"利润分配"账户

"利润分配"账户属于所有者权益类账户，用来核算企业分配利润或弥补亏损的情况。该账户应当设置"提取法定盈余公积""提取任意盈余公积""应付现金股利或利润""盈余公积补亏"和"未分配利润"等进行明细核算。其账户结构如图 5-47 所示。

借	利润分配	贷
从"本年利润"账户贷方转入的亏损数、企业提取的盈余公积和已分配的利润		从"本年利润"账户借方转入的净利润
表示尚未弥补的亏损		表示历年累计未分配的利润

图 5-47

(六)"盈余公积"账户

"盈余公积"账户属于所有者权益类账户,用来核算企业从利润中提取的盈余公积。其账户结构如图 5-48 所示。

借	盈余公积	贷
使用的盈余公积		提取的盈余公积
		尚未使用的盈余公积

图 5-48

三 账务处理

利润形成和分配业务的账务处理举例如下:

【例 5-37】开元公司收到 C 公司的违约罚款 100 000 元,已存入银行。

该经济业务的发生,一方面企业存款增加 100 000 元,记入"银行存款"账户的借方;另一方面本期利得增加 100 000 元,记入"营业外收入"账户的贷方。相关会计分录如下:

借:银行存款——×银行×支行　　　　　　100 000
　　贷:营业外收入——罚款收入　　　　　　　　100 000

【例 5-38】开元公司因漏报一项税种被税务机关罚款 500 元,已从银行转款。

该经济业务的发生,一方面企业存款减少 500 元,记入"银行存款"账户的贷方;另一方面本期支出增加 500 元,记入"营业外支出"账户的借方。相关会计分录如下:

借:营业外支出——税收罚款　　　　　　　500
　　贷:银行存款——×银行×支行　　　　　　　　500

【例 5-39】开元公司结转 20×5 年 6 月所有收入类账户。假设本月实现的收入为"主营业务收入"贷方发生额为 20 000 元,"其他业务收入"贷方发生额为 80 000 元,"营业外收入"贷方发生额为 100 000 元。

月末应结平(清空)所有收入类账户,使其余额为零。该经济业务的发生,一方面要借记"主营业务收入""其他业务收入""营业外收入"账户;另一方面将所有借方记录的金额合计数记入"本年利润"账户的贷方。相关会计分录如下:

借:主营业务收入　　　　　　　　　　　　200 000

其他业务收入		80 000
营业外收入		100 000
贷：本年利润		380 000

【例5-40】开元公司结转20×5年6月所有成本费用类账户。假设本月发生的成本为"主营业务成本"借方发生额为56 240元，"其他业务成本"借方发生额为40 000元，"管理费用"借方发生额为56 800，"销售费用"借方发生额为10 000元，"财务费用"借方发生额为9 850元，"营业外支出"借方发生额为500元。

月末应结平（清空）所有费用类账户，使其余额为零。该经济业务的发生，一方面要贷记"主营业务成本""其他业务成本""管理费用""销售费用""财务费用""营业外支出"账户；另一方面将所有贷方记录的金额合计数记入"本年利润"账户的借方。相关会计分录如下：

借：本年利润	173 390
贷：主营业务成本	56 240
其他业务成本	40 000
管理费用	56 800
销售费用	10 000
财务费用	9 850
营业外支出	500

【例5-41】20×5年6月，开元公司计提企业所得税。假如该企业按季申报企业所得税，累计利润总额为600 000元，已预缴企业所得税70 000元。出于简化，不考虑其他因素。

本期应交企业所得税 = 600 000 × 25% - 70 000 = 80 000（元）

该经济业务的发生，一方面企业费用增加80 000元，记入"所得税费用"账户的借方；另一方面本期负债增加80 000元，记入"应交税费——应交企业所得税"账户的贷方。相关会计分录如下：

借：所得税费用	80 000
贷：应交税费——应交企业所得税	80 000

【例5-42】接上例，开元公司结转计提的所得税80 000元。

该经济业务的发生，一方面结转费用80 000元，记入"所得税费用"账户的贷方；另一方面将结转的费用记入"本年利润"账户的借方。相关会计分录如下：

借：本年利润	80 000
贷：所得税费用	80 000

【例5-43】开元公司将20×5年实现的税后利润1 000 000元转入未分配利润。

该经济业务的发生，一方面企业本年利润减少1 000 000元，记入"本年利润"账户的借方；另一方面可供分配利润增加1 000 000元，记入"利润分配——未分配利润"账户的贷方。相关会计分录如下：

借：本年利润　　　　　　　　　　　　　　　　1 000 000
　　贷：利润分配——未分配利润　　　　　　　　　　1 000 000

【例5-44】开元公司20×5年实现净利润1 000 000元，按10%的比例提取法定盈余公积。

该经济业务的发生，一方面盈余公积增加100 000元，记入"盈余公积"账户的贷方；另一方面可供分配利润减少100 000元，记入"利润分配——提取法定盈余公积"账户的借方。相关会计分录如下：

借：利润分配——提取法定盈余公积　　　　　　100 000
　　贷：盈余公积　　　　　　　　　　　　　　　　100 000

【例5-45】接上例，将"利润分配"除"未分配利润"以外的明细账结平。

该经济业务的发生，一方面企业未分配利润减少100 000元，记入"利润分配——未分配利润"账户的借方；另一方面将提取法定盈余公积进行对冲，记入"利润分配——提取法定盈余公积"账户的贷方。相关会计分录如下：

借：利润分配——未分配利润　　　　　　　　　100 000
　　贷：利润分配——提取法定盈余公积　　　　　　100 000

注意：例5-43至例5-45结转的分录，只有在年末时才进行处理。

第六章 会计凭证

6.1 会计凭证概述（回复 kj0601 获取课程解析）

第一节 会计凭证概述

一、会计凭证的概念及作用

（一）会计凭证的概念

会计凭证是记录经济业务、明确经济责任的书面证明，是登记账簿的依据，也是会计工作的最初阶段和基本环节。

（二）会计凭证的作用

会计人员可以根据会计凭证对日常大量、分散的各种经济业务，进行分类、整理、汇总，并经过会计处理，最终为经济管理提供有用的会计信息。其作用如图6-1所示。

记录经济业务，提供记账依据

- 会计凭证是连接企业经济业务与企业会计信息的纽带，没有了会计凭证，企业的经济业务不能直接转换成会计信息。会计凭证是记账的依据，通过对会计凭证的填制、审核、及时传递，对经济业务适时地记录

明确经济责任，强化内部控制

- 发生经济业务后，需取得或填制适当的会计凭证，证明经济业务已经发生或完成；同时由有关的经办人员在凭证上签字、盖章来明确业务责任人。通过会计凭证的填制和审核，使有关责任人在其职权范围内各负其责，并利用凭证填制、审核的手续制度进一步完善经济责任制

监督经济活动，控制经济运行

- 通过会计凭证的审核，可以检查经济业务的发生是否符合有关的法律、制度，是否符合业务经营、账务收支的方针和计划及预算的规定，以确保经济业务的合理、合法和有效性

图 6-1

二 会计凭证的分类

会计凭证的种类多种多样，可以按照不同的标准进行分类，如图 6-2 所示。

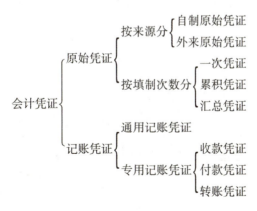

图 6-2

6.2 原始凭证(回复 kj0602 获取课程解析)

第二节　原始凭证

一　原始凭证的概念及分类

(一)原始凭证的概念

原始凭证是记录经济业务已经发生、执行或完成,用以明确经济责任,作为记账依据的最初的书面证明文件,如出差乘坐的车船票、采购材料的货票、仓库领料单等都是原始凭证。原始凭证是在经济业务发生的过程中直接产生的,是经济业务发生的最初证明,在法律上具有证明效力,所以也可叫作"证明凭证"。

(二)原始凭证的分类

企业的日常经济业务中,原始凭证种类繁多,样式各异。在对其进行分类时,标准不同,得出的原始凭证种类也各有差异。

1. 按取得来源分类

原始凭证按其取得来源不同,可分为自制原始凭证和外来原始凭证。

(1)自制原始凭证是指在经济业务活动发生或完成时,由本单位内部经办部门或人员填制的凭证,如领料单、出库单、成本计算单、工资表、差旅费报销单(图6-3)等。

差 旅 费 报 销 单

部门: 销售部								日期:2022年03月08日				
姓名		张欣	职别		员工		出差事由:	出差杭州与客户进行谈判				
出差起止日期		自	2022年3月3日	起	至	2022年3月7日	止	共	5	天	附单据 4 张	
日期		起讫地点		飞机车船费	住宿费	餐费	途中补助			住勤补助			小计
月	日	起	止				天数	标准	金额	天数	标准	金额	
03	03	北京	杭州	450.00									450.00
03	07	杭州	北京	450.00	1040.00	720.00							2210.00
		合计		900.00	1040.00	720.00							2660.00
总计金(大写)人民币: 贰仟陆佰陆拾元整				(小写)¥ 2,660.00			预支	4000	元	应退(补): 1340元			
财务经理:张兰		会计:张兰				出纳:李华			部门主管:丹青		报销人:书雪		

（现金付讫）

图 6-3

(2)外来原始凭证也称外来凭证是指那些在与外单位发生经济往来事项时,从外单位取得的凭证。例如,火车等票据(图6-4)、购货发票(图6-5)、飞机回单、银行回单等。

图 6-4

2. 按填制手续和方法分类

原始凭证按其填制手续和方法不同,可分为一次凭证、累计凭证和汇总凭证。

(1)一次凭证只反映一项经济业务或同时记录若干项同类经济业务,填制手续一次完成的原始凭证。例如,企业有关部门领用材料的"领料单"、购进材料的"入库单"(图 6-6)等都是一次凭证。

图 6-5

入 库 单

入库部门：仓库
供应商：深圳彩虹服饰有限公司　　2022年03月04日　　NO：01235957

编号	品名	规格	单位	数量	单价	金额 百	十万	千	百	十元	角	分
1	衬衣	CY-35684	件	500	48.672566			2	4	3	3	6	2	8
2	衬衣	CY-35681	件	500	48.672566			2	4	3	3	6	2	8
3	夹克	JK-18507	件	300	159.292035			4	7	7	8	7	6	1
4	毛衫	MS-11560	件	300	172.566372			5	1	7	6	9	9	1
5	卫衣	WY-11601	件	300	164.601770			4	9	3	8	0	5	3
6	卫衣	WY-11608	件	300	164.601770			4	9	3	8	0	5	3
7	卫衣	WY-11611	件	300	164.601770			4	9	3	8	0	5	3
备注					合计	¥	2	9	6	3	7	1	6	7

会计：张兰　　保管：张志强　　交货人：张曼易　　制单：杨若南

② 财务入账联

图 6-6

（2）累计凭证是指可以<u>多次累计记载连续发生的同类型经济业务</u>，到一个会计期末止才填制完成的凭证。例如，企业的"限额领料单"（图6-7）、"费用登记表"等。累计凭证手续比较简化，而且易于对管理进行控制。

（3）汇总原始凭证是根据一定时期内反映相同经济业务的多张原始凭证，汇总编制而成的自制原始凭证，用以集中反映某项经济业务总括发生情况。汇总原始凭证既可以简化会计核算工作，又便于进行经济业务的分析比较。例如，"工资汇总表""现金收入汇总表""发料凭证汇总表"（图6-8）、"制造费用汇总表"等都是汇总原始凭证。

限额领料单

领料部门：生产车间　　　　　　　　　　　　　　发料仓库：原物料库
用途：生产A产品　　　2022年03月30日　　　　　单号：1103

材料类别	材料编号	材料名称	材料规格	计量单位	领料限额	实际领料	单价	金额	备注
钢材	2-43	纯羊毛精纺面料	1.35*100m	码	5000	3300	45	148500	

日期	请领		实发			限额结余	退库		
	数量	经手人	数量	发料人	领料人		数量	退库单号	
6月6日	400	王磊	1000	齐利新	王磊	2300			
6月13日	300	王磊	1500	齐利新	王磊	800			
6月15日	300	王磊	500	齐利新	王磊	300			
合计	1000		3000			300			

供应部门负责人：陈婷　　生产计划部门负责人：马春辉　　仓库负责人：邵燕

图 6-7

发料凭证汇总表

2022年3月30日

日期	领料单张数	会计科目（用途）			合计
		生产成本	制造费用	管理费用	
1~15	5	6000	7200	2960	8580
16-20	3			356	356
21-30	6			644	644

会计主管：张晓艳　　　审核：陈婷　　　制单：邵燕

图6-8

二 原始凭证的填制

（一）原始凭证填制的基本内容

原始凭证的格式和内容因经济业务和经营管理的要求不同而有所差异，但应当具备的基本内容如图6-9所示。

- **凭证的名称**
  - 凭证按用途或来源的不同，必须有明确的名称，以方便凭证的管理和业务处理

- **填制凭证的日期**
  - 经济业务发生或完成时要明确经济业务发生的日期，便于对经济业务的真实性、有效性进行审查

- **填制凭证单位名称或者填制人姓名**
  - 填制凭证出具单位是为了证实经济业务发生是真实的，有利于对经济业务的来龙去脉有个整体的了解

- **经办人员的签名或者盖章**
  - 凭证上需要经办人的签名或盖章是为了明确经济责任

- **接受凭证单位名称**
  - 填制接收单位的名称必须是单位名全称，这是为了证明确实是本单位发生的经济业务，便于记账和查账

- **经济业务内容**
  - 凭证上记录经济业务的内容，以便人们了解经济业务的具体情况，以及查核经济业务的真实合法性

- **数量、单价和金额**
  - 凭证上填写经济业务发生的详细证明，是保证会计资料真实性的基础

图6-9

除以上基本内容外,原始凭证还应有一些其他内容如下:

(1)从外单位取得的原始凭证,必须盖有填制单位的公章;从个人处取得的原始凭证,必须有填制人员的签名或者盖章。自制原始凭证必须有经办单位领导人或者其指定的人员签名或者盖章。对外开出的原始凭证,必须加盖本单位公章。

(2)凡填有大写和小写金额的原始凭证,大写与小写金额必须相符。购买实物的原始凭证,必须有验收证明。支付款项的原始凭证,必须有收款单位和收款人的收款证明(如收据)。

(3)一式几联的原始凭证,应当注明各联的用途,只能以一联作为报销凭证。一式几联的发票和收据,必须用双面复写纸(发票和收据本身具备复写纸功能的除外)套写,并连续编号。作废时应当加盖"作废"戳记,连同存根一起保存,不得撕毁。

(4)发生销货退回的,除填制退货发票外,还必须有退货验收证明;退款时,必须取得对方的收款收据或者汇款银行的凭证,不得以退货发票代替收据。

(5)职工因公借款凭据,必须附在记账凭证之后。收回借款时,应当另开收据或者退还借据副本,不得退还原借款收据。

(6)经上级有关部门批准的经济业务,应当将批准文件作为原始凭证附件。如果批准文件需要单独归档的,应当在凭证上注明批准机关名称、日期和文件字号。

(二)原始凭证的填制要求

(1)真实可靠,即如实填列经济业务内容,不弄虚作假、不涂改、挖补。

(2)内容完整,即应该填写的项目要逐项填写(接受凭证方应注意逐项验明),不可缺漏,尤其需要注意的是:年、月、日要按照填制原始凭证的实际日期填写;名称要写全,不能简化;品名或用途要填写明确,不许含糊不清;有关人员的签章必须齐全。

(3)填制及时,即每当一项经济业务发生或完成,都要立即填制原始凭证,做到不积压、不误时、不事后补制。

(4)书写清楚,即字迹端正、易于辨认,做到数字书写符合会计的技术要求,文字工整,不草、不乱、不"造";复写的凭证,要不串格、不串行、不模糊。

(5)顺序使用,即收付款项或实物的凭证要顺序或分类编号,在填制时按照编号的次序使用,跳号的凭证应加盖"作废"戳记,不得撕毁。

(6)不得涂改、刮擦、挖补,原始凭证所记载的各项内容均不得涂改。随意涂改的原始凭证即为无效凭证,不能作为填制记账凭证或登记会计账簿的依据。

如发现原始凭证有错误的,应当由开出单位重开或者更正,更正处应当加盖开出单位的公章;原始凭证金额出现错误的,由原始凭证开具单位重新开具,不得在原始凭证上更正。

虽然现在大多数会计工作已经电子化,但对于初学者来说了解金额数字的书写也是很有必要的。

根据《会计基础工作规范》的规定,填制会计凭证,字迹必须清晰、工整,并符合下列要求:

(1)阿拉伯数字应当一个一个地写,不得连笔写。阿拉伯金额数字前面应当书写货币币种符号或者货币名称简写和币种符号。币种符号与阿拉伯金额数字之间不得留有空白。凡阿拉伯数字前写有币种符号的,数字后面不得再写货币单位。

(2)所有以元为单位(其他货币种类为货币基本单位,下同)的阿拉伯数字,除表示单价等情况外,一律填写到角分;无角分的,角位和分位可写"00",或者符号"—";有角无分的,分位应当写"0",不得用符号"—"代替。

(3)汉字大写数字金额,如零、壹、贰、叁、肆、伍、陆、柒、捌、玖、拾、佰、仟、万、亿等,一律用正楷或者行书体书写,不得用0、一、二、三、四、五、六、七、八、九、十等简写字代替,不得任意自造简化字。大写金额数字到元或者角为止的,在"元"或者"角"字之后应当写"整"字或者"正"字;大写金额数字有分的,分字后面不写"整"或者"正"字。

(4)大写金额数字前未印有货币名称的,应当加填货币名称,货币名称与金额数字之间不得留有空白。

(5)阿拉伯金额数字中间有"0"时,汉字大写金额要写"零"字;阿拉伯数字金额中连续有几个"0"时,汉字大写金额中可以只写一个"零"字;阿拉伯金额数字元位是"0",或者数字中间连续有几个"0"元位也是"0"但角位不是"0"时,汉字大写金额可以只写一个"零"字,也可以不写"零"字。

第三节　记账凭证

6.3 记账凭证(回复 kj0603 获取课程解析)

一　记账凭证的概念

记账凭证是企业内部会计人员根据审核无误后的原始凭证对经济业务事项按其性质进行归类、整理和汇总,并按照会计准则和记账规则确定会计分录编制会计凭证。记账凭证可以将来自于不同企业单位,种类繁多、数量庞大、格式大小不一的原始凭证加以归类、整理,然后填写会计分录,再将相关原始凭证粘附在记账凭证后面。

原始凭证上记载的是经济信息,记账凭证上记载的是会计信息,从原始凭证到记账凭证是企业经济信息转换成会计信息的过程,这个过程标志着会计信息进入会计系统。

记账凭证是指用以记录各种经济业务的凭证,如图6-10所示。

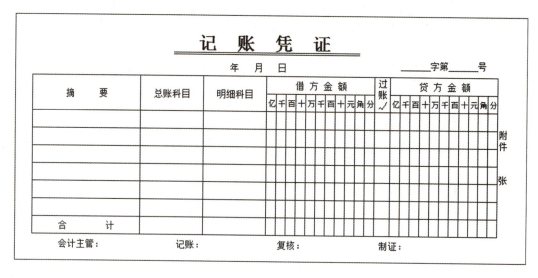

图 6–10

二 记账凭证的内容及填制要求

（一）记账凭证的基本内容

记账凭证的种类及格式有多种，但其主要作用是对原始凭证进行归类、整理、确定会计科目，编制会计分录，直接据以记账。因此，各种记账凭证都应具备的内容有：①记账凭证的名称；②经填制凭证的日期和凭证编号；③经济业务内容摘要；④会计科目；⑤金额；⑥所附原始凭证的张数；⑦登账标记；⑧填制凭证人员、稽核人员、记账人员、会计机构负责人、会计主管人员签名或者盖章。内容展示如图 6–11 所示。

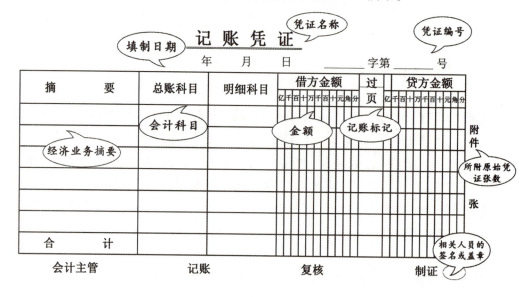

图 6–11

(二)记账凭证的填制要求

确认了记账凭证的基本内容后,会计人员还需要掌握填制记账凭证的一般要求。

(1)填制记账凭证时,应当对记账凭证进行连续编号。一笔经济业务需要填制两张以上记账凭证的,可以采用分数编号法编号。例如,某会计事项需要填制两张记账凭证,则第一张记账凭证编号为1/2,第二张记账凭证编号为2/2。

(2)记账凭证可以根据每一张原始凭证填制,或者根据若干张同一业务不同类的原始凭证汇总填制,也可以根据原始凭证汇总表填制。但不得将不同业务和类别的原始凭证汇总填制在一张记账凭证上。

(3)除结账和更正错误的记账凭证可以不附原始凭证外,其他记账必须附有原始凭证。如果一张原始凭证涉及几张记账凭证,可以把原始凭证附在一张主要的记账凭证后面,并在其他记账凭证上注明附有该原始凭证的记账凭证的编号或者附原始凭证复印件。一张原始凭证所列支出需要几个单位共同负担的,应当将其他单位负担的部分,开给对方原始凭证分割单,进行结算。原始凭证分割单必须具备原始凭证的基本内容,即凭证名称、填制凭证日期、填制凭证单位名称或者填制人姓名、经办人的签名或者盖章、接受凭证单位名称、经济业务内容、数量、单价、金额和费用分摊情况等。

(4)如果在填制记账凭证时发生错误,应当重新填制。已经登记入账的记账凭证,在当年内发现填写错误时,可填写一张与原内容相同的金额栏为红字的记账凭证,在摘要栏注明"注销某月某日某号凭证"字样,同时再重新填制一张正确的金额栏为蓝字的记账凭证,注明"订正某月某日某号凭证"字样。如果会计科目没有错误,只是金额错误,也可以将正确数字与错误数字之间的差额,另编一张调整的记账凭证,调增金额用蓝字,调减金额用红字。发现以前年度记账凭证有错误的,应当用蓝字填制一张更正的记账凭证。

(5)记账凭证填制完相关经济业务事项后,如有空行,应当自金额栏最后一笔金额数字下的空行处至合计数上的空行处画线注销。

(三)记账凭证的审核

为了保证会计信息的质量,在记账之前应由有关稽核人员对记账凭证进行严格的审核。记账凭证审核的内容包括以下几项。

1. 内容是否真实

审核记账凭证是否有原始凭证为依据,所附原始凭证的内容与记账凭证的内容是否一致,记账凭证汇总表的内容与其所依据的记账凭证的内容是否一致等。

2. 项目是否齐全

审核记账凭证各项目的填写是否齐全,如日期、凭证编号、摘要、会计科目、金额、所附原始凭证张数及有关人员签章。

3. 科目是否正确

审核记账凭证的应借、应贷科目是否正确,是否有明确的账户对应关系,所使用的会计科目是否符合企业会计准则等规定。

4. 金额是否正确

审核记账凭证所记录的金额与原始凭证的有关金额是否一致,计算是否正确,记账凭证汇总表的金额与记账凭证的金额合计是否相符等。

5. 书写是否规范

审核记账凭证中的记录是否文字工整、数字清晰,是否按规定进行更正等。

6. 手续是否完备

审核出纳人员在办理收款或付款业务后,是否已在原始凭证上加盖"收讫"或"付讫"的戳记。

(四)记账凭证与原始凭证的区别

记账凭证与原始凭证的区别如表 6-1 所示。

表 6-1 记账凭证与原始凭证的区别

不同点	原始凭证	记账凭证
填制人	经办人	本单位会计人员
填制依据	根据发生或完成的经济业务	根据审核无误的原始凭证
发挥作用	是记账凭证的附件和依据	登记账簿地依据
处理过程	仅用于记录、证明经济业务已发生或完成	使用会计科目对已发生或完成的经济业务归类、整理

6.4 会计凭证的传递与保管(回复kj0604获取课程解析)

第四节 会计凭证的传递与保管

会计凭证是企业重要的会计资料,也是会计监督的有效前提。每个企业都必须按相关法规的规定,在每一个会计期间结束后,将会计凭证装订成册,按照凭证的期限进行保存,不得随意撕毁、丢弃或遗失,直到保管期限届满才可以按一定的法律程序进行销毁。

一 会计凭证的传递

会计凭证的传递,是指会计凭证从填制、取得到归档保管的整个过程,即在会计主题内部之间的交接过程。企业会计凭证的取得或填制来自不同的渠道,记录的经济业务、涉及的人员不同,办理的业务手续也不同。因此,为了规范会计凭证的管理,使会计凭证能够及时反映企业各项经济业务,发挥会计监督的作用,企业内部必须制定一个合理的传递程序,使各个环节相扣,相互督促,以提高会计工作效率。会计凭证的合理传递,对于及时处理和登记经济业务、明确经济责任、实行会计监督具有重要作用。因此，会计凭证的传递对企业内部经营管理具有重要的协调和组织作用。

会计传递的程序是否合理，对于企业内部的管理有着重要的作用。其表现有以下两点：

(1)合理、科学的会计传递有利于完善企业经济业务的权责情况，该项工作是由多个部门或成员分工合作才能完成的。会计凭证是记录经济业务以及明确经济责任的文书证明，可以反映企业经济责任制度的执行情况，企业可以通过会计凭证传递程序和传递时间的规定，进一步完善经济责任制度，使每一项经济业务得以及时处理和顺利进行。

(2)合理、科学的会计传递有利于及时进行会计账簿登记，从企业的经济业务发生到账簿登记有一定的时间间隔，通过会计凭证的传递，可以使会计部门尽早了解经济业务的发生和完成情况，并通过会计部门内部的凭证传递，及时记录经济业务，进行会计核算和会计监督。

二 会计凭证的保管

会计凭证的保管，是指会计凭证记账后的整理、装订、归档和存查工作。会计凭证是重要的会计档案和经济资料，每个单位都要建立保管制度，进行妥善保管。保管要求如下：

(1)会计凭证应当及时传递，不得积压。

(2)会计凭证登记完毕后，应当按照分类和编号顺序保管，不得散乱丢失。

(3)记账凭证应当连同所附的原始凭证或者原始凭证汇总表，按照编号顺序，折叠整齐，按期装订成册，并加封面，注明单位名称、年度、月份和起讫日期、凭证种类、起讫号码，由装订人在装订线封签处签名或者盖章。对于数量过多的原始凭证，可以单独装订保管，在封面上注明记账凭证日期、编号、种类，同时在记账凭证上注明"附件另订"和原始凭证名称及编号。各种经济合同、存出保证金收据以及涉外文件等重要原始凭证，应当另编目录，单独登记保管，并在有关的记账凭证和原始凭证上相互注明日期和编号。

(4)原始凭证不得外借，其他单位如因特殊原因需要使用原始凭证时，经本单位会计机构负责人、会计主管人员批准，可以复制。向外单位提供的原始凭证复制件，应当在专设的登记簿上登记，并由提供人员和收取人共同签名或者盖章。

(5)从外单位取得的原始凭证如有遗失，应当取得原开出单位盖有公章的证明，并注明原来凭证的号码、金额和内容等，由经办单位会计机构负责人、会计主管人员和单位领导批准后，才能代作原始凭证。

如果确实无法取得证明的，当事人应写明详细情况，由经办单位会计机构负责人、会计主管人员和单位领导批准后,代作原始凭证。

> 《国家税务总局关于发布＜企业所得税税前扣除凭证管理办法＞的公告》(国家税务总局公告2018年第28号)
>
> 第九条 企业在境内发生的支出项目属于增值税应税项目(以下简称"应税项目")的,对方为已办理税务登记的增值税纳税人,其支出以发票(包括按照规定由税务机关代开的发票)作为税前扣除凭证;对方为依法无需办理税务登记的单位或者从事小额零星经营业务的个人,其支出以税务机关代开的发票或者收款凭证及内部凭证作为税前扣除凭证,收款凭证应载明收款单位名称、个人姓名及身份证号、支出项目、收款金额等相关信息。
>
> 小额零星经营业务的判断标准是个人从事应税项目经营业务的销售额不超过增值税相关政策规定的起征点。
>
> 起征点的规定(仅限个人):按期纳税的,为月销售额5 000~20 000元(含本数)。
>
> 按次纳税的,为每次(日)销售额300~500元(含本数)。

第七章 会计账簿

第一节 会计账簿的概述和分类

一 会计账簿的概念及作用

(一)会计账簿的概念

会计账簿简称账簿,是以会计凭证为依据,由具有一定格式、相互联系的账页所组成,用来全面、系统、连续、分类地核算和监督一个企业、单位经济业务事项的会计簿籍。

通过编制会计凭证,我们可以逐笔记录企业发生的每笔经济业务,便于明确经济责任。但是会计凭证数量繁多、缺乏系统性,难以直观反映其各个会计科目的发生额和余额,因此,填制会计凭证后还要设置和登记账簿,二者虽然都是用来记录经济业务,但二者具有的作用不同。在会计核算中,对每一项经济业务,都必须取得和填制会计凭证,因而会计凭证数量很多,又很分散,每张凭证只能记载个别经济业务,所提供的资料是零星的。为了给经济管理提供系统的会计核算资料,各单位都必须在会计凭证的基础上设置和登记会计账簿,把分散在会计凭证上的大量核算资料,加以集中和归类整理,生成有用的会计信息,从而为编制会计报表、进行会计分析以及审计提供主要依据。

(二)会计账簿的作用

设置和登记会计账簿,是会计核算的基础工作,是连接会计凭证和会计报表的中间环节,做好这项工作,对于加强经济管理具有十分重要的作用。会计账簿的作用如图7-1所示。

1.记载和储存会计信息

将会计凭证所记录的经济业务记入有关账簿,可以全面反映会计主体在一定时期内所发生的各项资金运动,储存所需要的各项会计信息。

图 7 - 1

2. 分类和汇总会计信息

账簿由不同的、相互关联的账户所构成,通过账簿记录,一方面可以分门别类地反映各项会计信息,提供一定时期内经济活动的详细情况;另一方面可以通过发生额、余额计算,提供各方面所需要的总括会计信息,反映财务状况及经营成果。

3. 检查和校正会计信息

账簿记录是会计凭证信息的进一步整理。

4. 编表和输出会计信息

为了反映一定日期的财务状况及一定时期的经营成果,应定期进行结账工作,进行有关账簿之间的核对,计算出本期发生额和余额,据以编制会计报表,向有关各方提供所需要的会计信息。

二 会计账簿的分类

不同企业在建账时所需要设置的账簿是不相同的,必须依据企业规模、经济业务的繁简程度、会计人员的多少、采用的账务处理程序等因素来确定。无论何种企业,基本的账簿体系主要包括日记账、总账、明细账和其他辅助性账簿。一般企业会计账簿有三大分类标准:按用途分类、按账页格式分类、按外形特征分类,如图 7 - 2 所示。

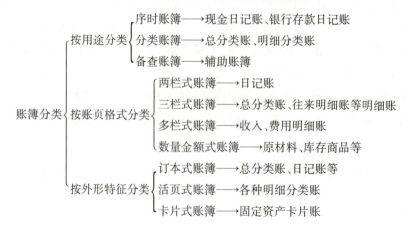

图 7 - 2

(一)按用途分类

1. 序时账簿

序时账簿又称日记账,是按照经济业务发生或完成时间的先后顺序逐日逐笔进行登记的账簿。在会计工作发展的早期,就要求必须将每天发生的经济业务逐日登记,以便记录当天业务发生的金额。库存现金日记账和银行存款日记账是企业必须具备的两种账簿,分别专门用来登记库存现金、银行存款增减变动及其结果的日记账,库存现金日记账的日结余额应当与当天的库存现金核对,银行存款日记账也应定期与银行对账单核对,以保证账实相符。现金日记账与银行存款日记账如图7-3所示。

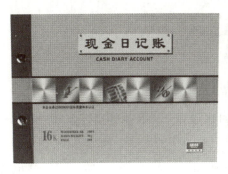 

图7-3

2. 分类账簿

分类账簿简称分类账,是对全部经济业务事项按照会计要素的具体类别而设置的分类账户进行登记的账簿。分类账簿按其提供核算指标的详细程度不同,又分为总分类账和明细分类账。

(1)总分类账简称总账,是根据总分类账户(一级账户)开设的,用来提供总括核算资料的账簿。只要是企业涉及的会计科目都要有相应的总账科目与之对应,一般企业只需要设置一本总账即可,因为总账登记的通常都是一级科目,每月只需登记1~3次即可,摘要可以写"1~10日汇总""本月汇总"等。另外为了登记总账的方便,在设置总账账页时,最好按资产、负债、所有者权益、收入、费用和利润的顺序来分页,在口取纸选择上也可将资产、负债、所有者权益、收入、费用和利润按不同颜色区分开来,便于登记总账和查找。

(2)明细分类账简称明细账,是总账下建立的明细记录。它是根据记账凭证进行一笔一笔记录的账簿。是根据总账科目所属的明细科目设置的账簿,每一个总账科目都对应着一个或几个明细分类账科目,各个账户明细账的期末余额之和应与其总账的期末余额相等,总账和明细账登记的原始凭证依据相同,核算内容相同,两者结合起来既总括又详细地反映同一事物。

总分类账和明细分类账二者相辅相成,互为补充。总分类账对其所属的明细分类账起着控制、统驭的作用;明细分类账对其从属的总分类账则起着补充说明的作用;二者反映经济业务的详细程度不同,但是二者登记的原始依据是相同的,核算的内容也是相同的。其关系如图 7－4 所示。

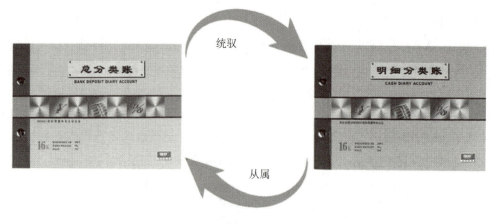

图 7－4

3. 备查账簿

备查账簿又称辅助账簿，是对某些在序时账簿和分类账簿等主要账簿中都不予登记或登记不够详细的经济业务事项进行补充登记时使用的账簿。例如，反映企业租入固定资产的“租入固定资产登记簿”、委托其他企业加工商品的“委托加工物资登记簿”等。备查账簿的设置应视实际需要而定，而且没有固定格式。

（二）按账页格式分类

账簿按照所使用账页的格式分为两栏式账簿、三栏式账簿、多栏式账簿和数量金额式账簿。企业应根据各项财产物资管理的需要选择账簿的格式。

（1）两栏式账簿是由只设有借方和贷方两个基本金额栏目的账页所组成的账簿。这种账面很少采用。

（2）三栏式账簿是由设有借方、贷方和余额三个基本金额栏目的账页所组成的账簿。各种日记账、总账以及往来总账所属的明细账等一般采用三栏式账簿。三栏式账簿的一般格式如图 7－5 所示。

总分类账 1

科目________

年		凭证		摘要	借方											贷方											借或贷	余额											✓
月	日	字	号		亿	千	百	十	万	千	百	十	元	角	分	亿	千	百	十	万	千	百	十	元	角	分		亿	千	百	十	万	千	百	十	元	角	分	

图 7－5

(3)多栏式账簿。多栏式账簿是由借方或贷方按需要分设若干专栏的账页所组成的账簿。收入、费用类明细账户一般采用多栏式账簿。多栏式账簿的一般格式如图 7－6 所示。

第____页

____________明 细 账

<table>
<tr><th colspan="2" rowspan="2">年</th><th colspan="2" rowspan="2">凭证</th><th rowspan="3">摘　　要</th><th colspan="8" rowspan="2">借　方</th><th colspan="8" rowspan="2">贷　方</th><th rowspan="3">借或贷</th><th colspan="8" rowspan="2">余　额</th><th colspan="40">（　　）方</th></tr>
<tr><th colspan="8"></th><th colspan="8"></th><th colspan="8"></th><th colspan="8"></th><th colspan="8"></th></tr>
<tr><th>月</th><th>日</th><th>字</th><th>号</th><th>十</th><th>万</th><th>千</th><th>百</th><th>十</th><th>元</th><th>角</th><th>分</th><th>十</th><th>万</th><th>千</th><th>百</th><th>十</th><th>元</th><th>角</th><th>分</th><th>十</th><th>万</th><th>千</th><th>百</th><th>十</th><th>元</th><th>角</th><th>分</th><th>十</th><th>万</th><th>千</th><th>百</th><th>十</th><th>元</th><th>角</th><th>分</th><th>十</th><th>万</th><th>千</th><th>百</th><th>十</th><th>元</th><th>角</th><th>分</th><th>十</th><th>万</th><th>千</th><th>百</th><th>十</th><th>元</th><th>角</th><th>分</th><th>十</th><th>万</th><th>千</th><th>百</th><th>十</th><th>元</th><th>角</th><th>分</th><th>十</th><th>万</th><th>千</th><th>百</th><th>十</th><th>元</th><th>角</th><th>分</th></tr>
</table>

图 7－6

(4)数量金额式账簿。数量金额式账簿是账簿的借方、贷方和余额三个栏目内都分设数量、单价和金额三小栏，以反映财产物资的实物数量和价值量。它是指采用数量和金额双重记录的账簿。库存商品、原材料等明细分类账一般采用数量金额式账簿。数量金额式明细账的一般格式如图 7－7 所示。

____________明 细 账

编号____________　规格____________　品名____________　单位____________　存放地点____________

<table>
<tr><th colspan="2" rowspan="2">年</th><th colspan="2" rowspan="2">凭证</th><th rowspan="3">摘　　要</th><th colspan="13">借　　方</th><th colspan="13">贷　　方</th><th rowspan="3">借或贷</th><th colspan="13">余　　额</th></tr>
<tr><th rowspan="2">数量</th><th rowspan="2">单价</th><th colspan="11">金　　额</th><th rowspan="2">数量</th><th rowspan="2">单价</th><th colspan="11">金　　额</th><th rowspan="2">数量</th><th rowspan="2">单价</th><th colspan="11">金　　额</th></tr>
<tr><th>月</th><th>日</th><th>字</th><th>号</th><th>亿</th><th>千</th><th>百</th><th>十</th><th>万</th><th>千</th><th>百</th><th>十</th><th>元</th><th>角</th><th>分</th><th>亿</th><th>千</th><th>百</th><th>十</th><th>万</th><th>千</th><th>百</th><th>十</th><th>元</th><th>角</th><th>分</th><th>亿</th><th>千</th><th>百</th><th>十</th><th>万</th><th>千</th><th>百</th><th>十</th><th>元</th><th>角</th><th>分</th></tr>
</table>

图 7－7

（三）按外形特征分类

账簿按外表形式可以划分为订本式账簿、活页式账簿、卡片式账簿三种。活页账只适用于手工账，电脑账一般不适用。

(1)订本式账簿，简称订本账，是在启用前将编有顺序页码的一定数量账页装订成册的账簿。这种账簿，一般适用于重要的和具有统驭性的总分类账、现金日记账和银行存款日记账。订本式账簿如图7－8所示。

订本式账簿的账面固定、账页的编号事先编好，即可以防止账页散失，也可防止抽换账页。但由于账页固定、编号固定，使用起来灵活性不高，在同一时间内只能由一个人登记账户,不便于分工记账。

(2)活页式账簿,简称活页账,是将一定数量的账页置于活页夹内,可根据记账内容的变化而随时增加或减少部分账页的账簿。活页账一般适用于明细分类账。活页式账簿如图7-9所示。

图7-8

图7-9

活页式账簿使用灵活,可以根据需要随时增减账页,可以同时由数人分工记账。但账页容易散失或被抽换。账簿中的账页在使用时需连续编号,并装置在账夹中。使用完结,不再登记时,也要将其装订成册,以便保管。

(3)卡片式账簿,简称卡片账,是将一定数量的卡片式账页存放于专设的卡片箱中,账页可以根据需要随时增添的账簿。严格来说,卡片账也是一种活页账,只不过它不是装在活页账夹中,而是装在卡片箱内。该种账簿使用完毕,不再登账时,则将卡片穿孔固定保管。在我国,企业一般只对固定资产的核算采用卡片账形式。卡片式账簿如图7-10所示。

采用卡片式账簿,灵活方便,可以使记录的内容详细具体,可以跨年度使用而无须更换账页,也便于分类汇总和根据管理的需要转移卡片,但这种账簿的账页容易散失和被抽换。因此,使用时,应在卡片上连续编号,以保证安全。卡片式账簿一般适应于账页需要随着物资使用或存放地点的转移而重新排列的明细账,如固定资产明细分类账。

图 7-10

第二节 会计账簿的设置和登记

7.2 会计账簿的设置和登记（回复kj0702获取课程解析）

一 会计账簿的设置

（一）会计账簿设置的相关规定

会计账簿设置的相关规定如下：

（1）从事生产、经营的纳税人应当在领取营业执照之日起十五日内按照国家有关规定设置账簿。会计账簿包括总账、明细账、日记账和其他辅助性账簿。

（2）现金日记账和银行存款日记账必须采用订本式账簿。不得用银行对账单或者其他方法代替日记账。

（3）实行会计电算化的单位，其电子计算机储存和输出的会计记录，可视同会计账簿，但打印的会计账簿必须连续编号，经审核无误后装订成册，并由记账人员和会计机构负责人、会计主管人员签字或者盖章。

（二）会计账簿的启用

为了保证账簿记录的合法性和会计资料的完整性，明确记账责任，在启用会计账簿时，应遵守以下规则：

（1）封面。启用会计账簿时，应当在账簿封面上写明单位名称和账簿名称，如总分类账、应收账款明细账、现金日记账等。

(2)扉页。在账簿扉页上应当附启用表,内容包括启用日期、账簿页数、记账人员和会计机构负责人、会计主管人员姓名,并加盖名章和单位公章。记账人员或者会计机构负责人、会计主管人员调动工作时,应当注明交接日期、接管人员或者监交人员姓名,并由交接双方人员签名或者盖章。

(3)账页。账页是用来记录经济业务事项的载体,反映了企业经济业务的核心内容。总账和明细账可以将账本分页使用,不需要一个科目设置一本账册。在启用账簿时,会计人员应为每一个账户预留一定的页数,同时将每个账户用口取纸分开,并在口取纸上写明每一种业务的会计科目名称,以便在登记时及时找到相关账页。

账簿的启用及交接表如图7-11所示。

账簿启用及交接表

单位名称				印 鉴	
账簿名称	（第 册）				
账簿编号	年 总 册 第 册				
账簿页数	本账簿共计 页	本账簿页数 检点人盖章（ ）			
启用日期	公元 年 月 日				
经营人员	负责人		主办会计		复核		记账	
	姓名	盖章	姓名	盖章	姓名	盖章	姓名	盖章
交接记录	经营人员		接管			交出		
	职别	姓名	年	月	日	盖章	年	月	日	盖章
备注										

图 7-11

(4)启用订本式账簿,应当从第一页到最后一页顺序编定页数,不得跳页、缺号。使用活页式账页,应当按账户顺序编号,并须定期装订成册。装订后再按实际使用的账页顺序编定页码。另加目录,记明每个账户的名称和页次。账簿目录如图7-12所示。

二 会计账簿的登记

以下情况虽然只有手工做账才会涉及,但是对于初学者来说还是有必要学习了解的。

账 页 目 录 表

编号	科目	起讫页次	编号	科目	起讫页次	编号	科目	起讫页次

图 7-12

（一）登记账簿的基本要求

会计人员应当根据审核无误的会计凭证登记会计账簿。登记账簿的基本要求如下：

(1) 登记内容要求。登记会计账簿时，应当将会计凭证日期、编号、业务内容摘要、金额和其他有关资料逐项记入账内，做到数字准确、摘要清楚、登记及时、字迹工整。

(2) 记账符号。登记完毕后，要在记账凭证上签名或者盖章，并注明已经登账的符号，表示已经记账。

(3) 数字书写要求。账簿中书写的文字和数字上面要留有适当空格，不要写满格；一般应占格距的二分之一，以备按规定的方法改错。如为没有角分的整数，应分别在角分栏内写上"0"，不得省略不写，或以"—"号代替。

(4) 书写工具要求。登记账簿要用蓝黑墨水或者碳素墨水书写，不得使用圆珠笔（银行的复写账簿除外）或者铅笔书写。

(5) 红色墨水的使用要求。下列情况，可以用红色墨水记账：①按照红字冲账的记账凭证，冲销错误记录；②在不设借贷等栏的多栏式账页中，登记减少数；③在三栏式账户的余额栏前，如未印明余额方向的，在余额栏内登记负数余额；④画更正线、结账线和注销线；④根据国家统一会计制度的规定可以用红字登记的其他会计记录。

(6) 顺序、连续登记。各种账簿按页次顺序连续登记，不得跳行、隔页。如果发生跳行、隔页，更不得随便更换账页和撤出账页，作废的账页也要留在账簿中。如果发生跳行、隔页，应当将空行、空页画线注销，或者注明"此行空白""此页空白"字样，并由记账人员签名或者盖章。这样就可以避免在账簿登记中可能出现的漏洞。

(7) 结出余额。凡需要结出余额的账户，结出余额后，应当在"借或贷"等栏内写明"借"或者"贷"等字样。没有余额的账户，应当在"借或贷"等栏内写"平"字，并在余额栏内用"θ"(0中间加一条波浪线)表示。现金日记账和银行存款日记账必须逐日结出余额。

(8)过次页、承前页。每一账页登记完毕结转下页时,应当结出本页合计数及余额,写在本页最后一行和下页第一行有关栏内,并在摘要栏内注明"过次页"和"承前页"字样;也可以将本页合计数及金额只写在下页第一行有关栏内,并在摘要栏内注明"承前页"字样。

对需要结计本月发生额的账户,结计"过次页"的本页合计数应当为自本月初起至本页末止的发生额合计数;对需要结计本年累计发生额的账户,结计"过次页"的本页合计数应当为自年初起至本页末止的累计数;对既不需要结计本月发生额也不需要结计本年累计发生额的账户,可以只将每页末的余额结转次页。

《会计基础工作规范》规定,实行会计电算化的单位,总账和明细账应当定期打印。发生收款和付款业务的,在输入收款凭证和付款凭证的当天必须打印出现金日记账和银行存款日记账,并与库存现金核对无误。

(二)日记账的登记

日记账是按照经济业务发生或完成的时间先后顺序逐日逐笔进行登记的账簿。设置日记账的目的是使经济业务的时间顺序清晰地反映在账簿记录中。日记账按其所核算和监督经济业务的范围,分为特种日记账和普通日记账。在我国,大多数企业只设现金日记账和银行存款日记账。

1.现金日记账的格式与登记

现金日记账是用来核算和监督库存现金每日的收入、支出和结存情况的一种特种日记账。该账簿应采用订本式,格式一般采用三栏式。

现金日记账的登记方法如下:

(1)日期和凭证栏。登记库存现金实际收付款日期和凭证的种类。对于从银行提取库存现金的收入数,根据银行存款付款凭证登记库存现金日记账。凭证栏还应登记凭证的编号数,以便于查账和核对。

(2)摘要栏。简要说明入账的经济业务内容。文字简练,说明清楚。

(3)对方科目栏,指库存现金收入的来源科目或支出的用途科目。其作用在于了解经济业务的来龙去脉。

(4)借方、贷方及余额栏,指库存现金实际收付的金额,每日终了,结出余额,同时将余额与出纳员的库存现金核对,即通常所说的"日清"。月末同样要计算库存现金收、付和结存的合计数,通常称为"月结"。

(5)核对栏。核对栏是为对账专设的。账账核对的时候,为了区分已经核对和未核对的账户记录,在已核对过的记录中加上核对符号,一般用"√"表示,这样不容易重复对账。

现金日记账的格式与登记如图7-13所示。

现金日记账

20×9年 月	日	凭证 字	号	摘要	对应科目	借方 亿千百十万千百十元角分	√	贷方 亿千百十万千百十元角分	√	借或贷	余额 亿千百十万千百十元角分	√
				承前页							800 00	
6	9	记	2	提取现金	银行存款	3000 00					1100000	
6	9	记	3	报销注册费用	管理费用			100000			1000000	
				本日合计		300000		100000			1000000	
6	18	记	6	购买办公用品	管理费用			60000			940000	
				本日合计				60000			940000	
				本月合计		8000000		9060000			940000	

图 7-13

2. 银行存款日记账的格式与登记

<u>银行存款日记账</u>是用来核算和监督银行存款每日的<u>收入</u>、支出和结存情况的一种特种日记账。该账簿应采用<u>订本式</u>,格式一般采用<u>三栏式</u>。

银行存款日记账的格式和登记方法与三栏式现金日记账相同。由出纳员根据审核无误的银行存款收、付款凭证,按时间先后顺序逐日逐笔进行登记。根据银行存款收款凭证和库存现金付款凭证登记银行存款借方栏,根据银行存款付款凭证登记其贷方栏,每日结出存款余额。

(三)总分类账的登记

总分类账的登记方法取决于<u>账务处理程序</u>,账务处理程序又分为<u>记账凭证账务处理程序</u>、<u>汇总记账凭证账务处理程序</u>、<u>科目汇总表账务处理程序</u>。由于账务处理程序的不同,总分类账的登记可以根据记账凭证直接登记,也可根据汇总记账凭证登记,还可根据科目汇总表登记。

(四)明细分类账的登记

明细分类账可逐日逐笔登记的有固定资产、债权债务等明细账。可逐日逐笔登记也可定期汇总登记的有库存商品、原材料、产成品明细账以及收入、费用明细账。企业日常根据原始凭证、汇总原始凭证及记账凭证登记各种明细账。明细账无论按怎样的分类方法,各个账户明细账的期末余额之和应与其总账的期末余额相等。

(五)总分类账与明细分类账的平行登记

总分类账及其所属明细分类账的核算对象是相同的,它们所提供的核算资料互相补充,只有把二者结合起来,才能既概括又详细地反映同一核算内容。因此,为了便于账目核对,并确保核算资料的正确、完整,总分类账和明细分类账必须平行登记。

平行登记是指对发生的每项经济业务,都要以相关的会计凭证为依据,一方面记入有关的总分类账,另一方面记入有关总分类账所属明细分类账。总账与明细账平行登记有以下四个要点:

(1)依据相同。总分类账与其所属明细分类账都要依据相同的原始凭证或者记账凭证来进行登记。

(2)期间一致。对同一笔经济业务的总分类账与明细分类账的登记应该在同一个会计期间内完成。

(3)方向相同。将每一笔经济业务计入总分类账及其所属的明细分类账时,必须记在相同方向。

(4)金额相等。记入总分类账的金额与记入其所属明细分类账的金额合计必须相等。

三 对 账

在会计电算化环境下,系统可以自动对账和结账。但初学者有必要了解手工账情况下的对账。

(一)对账的概念

对账,就是核对账目,是指在会计核算中,为保证账簿记录正确可靠,对账簿中的有关数据进行检查和核对的工作。

(二)对账的内容

对账一般在每月结账之前进行,是把会计账簿记录的有关信息和实际情况进行核对,如对往来款项、货币资金、库存实物等进行核对。对账的内容如图7-14所示。

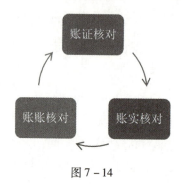

图 7-14

1. 账证核对

账证核对是指将账簿记录与会计凭证相核对,核对账簿记录与原始凭证、记录凭证的时间、凭证字号、内容、金额等是否一致,记账方向是否相符,做到账证相符。

2. 账账核对

账账核对指对各种账簿之间的有关数字进行核对。核对不同会计账簿记录是否相符。这包括总账账簿之间的核对;总账账簿与明细账簿之间的核对;总账账簿与序时账簿的核对;明细账簿之间的核对。

3. 账实核对

账实核对指各种财产物资的账面余额与实存数额相互核对。核对会计账簿记录与财产等实有数额是否相符。这包括现金日记账账面余额与现金实际库存数核对;银行存款日记账账面余额与银行对账单核对;各种材料、商品明细账账面余额与材物实存数额核对;各种应收、应付款明细账账面余额与有关债务、债权单位或者个人核对等。

四 结 账

电脑做账情况下,月末可以自动结账。以下介绍的结账方法是手工做账的情况下才适用的,初学者有必要了解一下。

(一)结账的程序

结账是一项将账簿记录定期结算清楚的账务工作。登记各种账簿本期发生额以及期末余额的工作,一般是按月进行,称为月结;有些账目应该按季去结算,称为季结;年度终了,应该进行年终结账,称之为年结。结账的程序如图7-15所示。

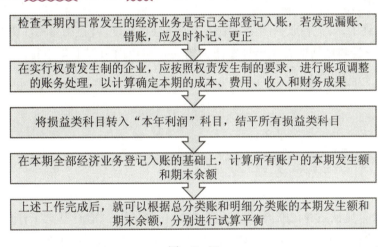

图 7-15

(二)结账的方法

结账时,应当结出每个账户的期末余额。需要结出当月发生额的,应当在摘要栏内注明"本月合计"字样,并在下面通栏画单红线。需要结出本年累计发生额的,应当在摘要栏内注明"本年累计"字样,并在下面通栏画单红线;12月末的"本年累计"就是全年累计发生额,全年累计发生额下应当通栏画双红线,年度终了结账时,所有总账账户都应当结出全年发生额和年末余额。

结账时,不同的账户记录应分别采用不同的方法:

(1)对于不需要按月结计本期发生额的账户,如各项应收款明细账和各项财产物资明细账等,每次记账以后,都要随时结出余额,每月最后一笔余额即为月末余额。也就是说,月末余额就是本月最后一笔经济业务结记后的金额。月末结账时,只需要在最后一笔经济业务记录之下画一条单红线,不需要再结计一次余额。

(2)现金、银行存款日记账和需要按月结计发生额的收入、费用等明细账,每月结账时,要在最后一笔经济业务记录下面画一单红线,结出本月发生额和余额,在摘要栏内注明"本月合计"字样,在下面再画一条单红线。

(3)需要结计本年累计发生额的某些明细账户,如产品销售收入、成本明细账等,每月结账时,应在"本月合计"行下结计自年初起至本月末止的累计发生额,登记在月份发生额下面,在摘要栏内注明"本年累计"字样,并在下面再画一单红线。12月末的"本年累计"就是全年累计发生额,并在全年累计发生额下画通栏双红线。

(4)总账账户平时只需结计月末余额。年终结账时,为了反映全年各项资产、负债及所有者权益增减变动的全貌,便于核对账目,要将所有总账账户结计全年发生额和年末余额,在摘要栏内注明"本年合计"字样,并在合计数下画一双红线。

(5)需要结计本月发生额的某些账户,如果本月只发生一笔经济业务,由于这笔记录的金额就是本月发生额,结账时,只要在此行记录下画一单红线,表示与下月的发生额分开,不需另结出"本月合计"数。

(6)年度终了,要把各账户的余额结转到下一会计年度,并在摘要栏注明"结转下年"字样;在下一会计年度新建有关会计账簿的第一余额栏内填写上年结转的余额,并在摘要栏注明"上年结转"字样。

7.3 错账更正(回复kj0703 获取课程解析)

第三节 错账更正方法

在填制会计凭证或登记账簿时,难免会发生一些错误。《会计基础工作规范》第六十一条规定,账簿记录发生错误,不准涂改、挖补、刮擦或者用药水消除字迹,不准重新抄写。必须按照规定的方法更正。常用的错账更正方法如图7-16所示。

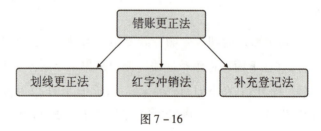

图7-16

一 划线更正法

划线更正法是指将原错误的记录用红线画销,并在其上方进行更正的方法。

该方法适用于编制的记账凭证没有错误,而是在登记账簿时发生错误,导致账簿记录错误的情况,只有在手工账的情况下使用。

划线更正法的具体做法:先将错误的文字或者数字"拦腰"划一条红色横线,表示错误内容已被注销,但必须使原有字迹仍可辨认;然后在画线上方填写正确的文字或者数字,并由记账人员在更正处盖章,以明确责任。对于错误的数字,应当全部画红线更正,不得只更正其中的错误数字。对于文字错误,可只划去错误的部分。如根据记账凭证入账时,误把 5 368 元记录为 3 568 元。更正时,不能只将"35"画一红线,写上"53"了事,而必须按照正确方法更正。划线更正法的正确做法如图 7-17 所示,错误示范如图 7-18 所示。

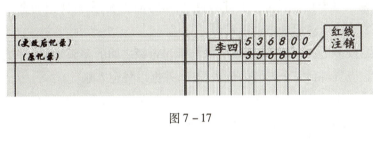

图 7-17

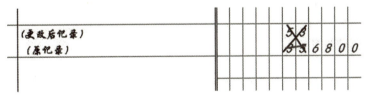

图 7-18

二 红字冲销法

红字冲销法又称红字更正法、赤字冲销法,是指用红字冲销或冲减原有的错误,予以更正或调整记账错误的方法。当出现以下两种情况之一时,可采用红字冲销法。

(1)记账后发现原记账凭证上会计科目名称写错或应借、应贷的方向记错而造成账簿记录错误。

更正方法:用红字填写一张与原记账凭证完全相同的记账凭证,在摘要栏内注明"注销某月某日某号凭证",并据以红字登记入账,以示注销原记账凭证,然后用蓝字填写一张正确的记账凭证,注明"订正某月某日某号凭证"字样,并据以用蓝字登记入账。

【例7-1】碧佳公司生产车间领用原材料一批,价值1 500元,用于该车间的一般消耗。填制记账凭证时,误将借方科目写成"生产成本"并已登记入账。

原错误记账凭证为:

借:生产成本　　　　　　　　　　　　　　1 500
　贷:原材料　　　　　　　　　　　　　　　　　1 500

发现错误后,用红字(这里将数字框起来表示"红字",下同)填制一张与原错误记账凭证内容完全相同的记账凭证并记账冲销。

借:生产成本　　　　　　　　　　　　　　|1 500|
　贷:原材料　　　　　　　　　　　　　　　　　|1 500|

再用蓝字填制一张正确的记账凭证,并据以登记入账。

借:制造费用　　　　　　　　　　　　　　1 500
　贷:原材料　　　　　　　　　　　　　　　　　1 500

(2)记账后发现原记账凭证上会计科目、借贷方向正确,只是所记的金额大于经济业务的实际金额,造成账簿记录中金额错误。

更正方法:按多记的金额(即正确金额与错误金额之间的差额)用红字填写一张与原记账凭证应借、应贷科目完全相同的记账凭证,并据以登记入账。

【例7-2】碧佳公司接受投资者投入资本10 000元,已存入银行存款。在填制记账凭证时误将金额记成了100 000元,并据以登记入账。

原错误记账凭证为:

借:银行存款　　　　　　　　　　　　　　100 000
　贷:实收资本　　　　　　　　　　　　　　　100 000

发现错误后,将多记的90 000元用红字填制一张与原错误记账凭证中的应借、应贷会计科目相同的记账凭证,并据以登记入账。

借:银行存款　　　　　　　　　　　　　　|90 000|
　贷:实收资本　　　　　　　　　　　　　　　|90 000|

三 补充登记法

补充登记法是指原记账凭证上会计科目、借贷方向正确,只是所记的金额小于经济业务的实际金额,造成账簿记录中金额错误。

更正方法:按少记的金额用蓝字填制一张与原记账凭证会计科目完全相同的记账凭证,在摘要栏内写明"补记某月某日某号凭证少记金额",以补充少记金额,并登记入账。

【例7-3】假设碧佳公司接受投资者投入资本10 000元,在填制记账凭证时误将金额记成了 1 000 元,并据以登记入账。

该笔业务只需用补充登记法填制一张记账凭证将少记的金额 9 000 元补足即可。

借:银行存款　　　　　　　　　　　　　　　9 000
　贷:实收资本　　　　　　　　　　　　　　　9 000

总之,发生错账根据不同的出错方式选择其适用的更正方法。错账更正的适用方法总结如表 7-1 所示。

表 7-1　错账更正适用方法总结表

错误原因		更正方法	更正步骤
记账凭证正确,登账错误		划线更正法	①画红线注销②做出正确记录③在更正处盖章
记账凭证错误,导致记账错误	凭证中仅金额少记	补充登记法	将少记数补登记入账
	凭证中仅金额多记	红字冲销法	用红字冲销多记数(只需一步)
	凭证中科目错误	红字冲销法	①用红字冲销原记录②填制正确记账凭证并入账
	凭证中方向错误		
	混合错误		

第四节　会计账簿的更换与保管

7.4 会计账簿的更换与保管(回复 kj0704 获取课程解析)

一　会计账簿的更换

会计账簿的更换通常在新会计年度建账时进行。一般情况下总账、日记账和多数明细账应每年更换一次。但对于部分变动较小的明细账,可以连续使用,不必每年更换,如固定资产明细账。备查账簿也可以连续使用。

在更换新账簿的时候,首先要检查本年度账簿在年终结账时是否全部结清。然后在新账簿中的第一行摘要栏内注明"上年结转"字样,余额栏内也应将上年年末余额以同方向记入其中。

二　会计账簿的保管

年度终了,各种账户在结转下年、建立新账后,一般都要把旧账送交总账会计集中统一管理。会计账簿暂由本单位财务会计部门保管一年,期满之后,由财务会计部门编造清册移交本单位的档案部门保管。

(一)账簿平时管理的具体要求

各种账簿要分工明确,指定专人管理,账簿经管人员既要负责记账、对账、结账等工作,又要负责保证账簿安全。会计账簿未经领导和会计负责人或者有关人员批准,非经管人员不能随意翻阅查看会计账簿。会计账簿除需要与外单位核对外,一般不能携带外出,对携带外出的账簿,一般应由经管人员或会计主管人指定专人负责。会计账簿不能随意交与其他人员管理,以保证账簿安全和防止任意涂改账簿等问题发生。

(二)旧账归档保管

会计档案是各单位的重要档案,它是对一个单位经济活动的记录和反映,通过会计档案,可以了解每项经济业务的来龙去脉,可以检查一个单位是否遵守财经纪律。在会计资料中有无弄虚作假、违法乱纪等行为;会计档案还可以为单位提供详尽的经济资料,为单位制定经营决策提供参考。年度终了更换并启用新账后,对更换下来的旧账要整理装订,造册归档。

1. 整理

归档前旧账的整理工作包括检查和补齐应办的手续,如改错盖章、注销空行及空页、结转余额等。

活页账应撤出未使用的空白账页,再装订成册,并注明各账页编码。旧账装订时应注意活页账一般按账户分类装订成册,一个账户装订成一册或数册;某些账户账页较少,也可以合并装订成一册。

2. 装订

装订时应检查账簿扉页的内容是否填写齐全。装订后应由经办人员及装订人员、会计主管人员在封口处签名或盖章。

3. 移交归档保管

旧账装订完毕应编制目录和编写移交清单,然后按期移交档案部门保管。各种账簿同会计凭证和会计报表一样,都是重要的经济档案,必须按照制度统一规定的保存年限妥善保管,不得丢失和任意销毁。

根据《会计档案管理办法》的规定,总分类账、明细分类账、辅助账、日记账均应保存十五年。其中,现金日记账、银行存款日记账要保存二十五年,涉外和重大事项会计账簿要永久保管。保管期满后,应按照规定的审批程序报经批准后才能销毁。

第八章 账务处理程序

第一节 账务处理程序的意义和种类

一 账务处理程序的意义

账务处理程序,是指通过填制会计凭证、登记会计账簿、编制财务会计报表的方式,将企业发生的全部经济业务转化为会计信息的过程。在实际工作中,账务处理要与本单位的业务性质、规模大小、繁简程度、经营管理的要求和特点等相适应。因此,科学、合理地选择账务处理程序具有重要意义。具体表现为:①有利于会计工作程序的规范化;②提高会计核算资料的质量;③提高会计核算工作的效率;④减少不必要的核算环节和手续;⑤有利于发展会计监督职能。

8.1 账务处理程序的意义和种类(回复 kj0801 获取课程解析)

二 账务处理程序的种类

由于各企业的业务性质、经营规模和管理需要,应采用何种账务处理程序,由各单位自主选用或设计。现代社会生活中,我国各经济单位通常采用的主要账务处理程序有三种,如图 8-1 所示。

图 8-1

8.2 记账凭证账务处理程序（回复kj0802获取课程解析）

第二节 记账凭证账务处理程序

一 记账凭证账务处理程序的操作流程

记账凭证账务处理程序是指对发生的经济业务事项,先根据原始凭证或汇总原始凭证编制记账凭证,再直接根据记账凭证逐笔登记总分类账的一种账务处理程序。它是基本的账务处理程序,其一般操作流程如下：

（1）根据原始凭证编制汇总原始凭证。

（2）根据原始凭证或汇总原始凭证编制记账凭证。

（3）根据记账凭证逐笔登记现金日记账和银行存款日记账。

（4）根据记账凭证登记各种明细分类账。

（5）根据记账凭证逐笔登记总分类账。

（6）期末,将现金日记账、银行存款日记账和明细分类账的余额与有关总分类账的余额核对相符。

（7）期末,根据总分类账和明细分类账的记录编制会计报表,进行财务分析。

记账凭证账务处理程序的流程如图8-2所示。

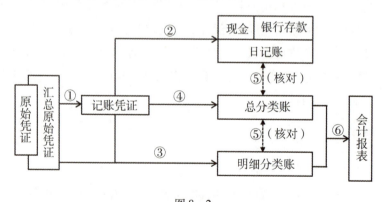

图8-2

二 记账凭证账务处理程序的评价

记账凭证账务处理程序是直接根据记账凭证逐笔登记总分类账,它是最基本的账务处理程序,其他各种账务处理程序基本上是在这种账务处理程序的基础上发展和演变而形成的。

优点:①记账凭证账务处理程序简单明了,易于理解;②总分类账可以较详细地反映经济业务的发生情况,对会计人员的业务能力要求不高。

缺点:登记总分类账的工作量较大,账页预留多少也难以把握。

适用范围:该财务处理程序适用于规模较小、经济业务量较少的企业。

第三节 汇总记账凭证账务处理程序

8.3 汇总记账凭证账务处理程序(回复kj0803获取课程解析)

一 汇总记账凭证账务处理程序的操作流程

汇总记账凭证账务处理程序是根据原始凭证或汇总原始凭证编制记账凭证,定期根据记账凭证分类编制汇总收款凭证、汇总付款凭证和汇总转账凭证,再根据汇总记账凭证登记总分类账的一种账务处理程序。其一般操作流程如下:

(1)根据原始凭证编制汇总原始凭证。

(2)根据原始凭证或汇总原始凭证,编制收款凭证、付款凭证、转账凭证,也可以填制通用记账凭证。

(3)根据收款凭证、付款凭证逐笔登记现金日记账和银行存款日记账。

(4)根据原始凭证、汇总原始凭证和记账凭证,登记各种明细分类账。

(5)根据各种记账凭证编制有关汇总记账凭证。

(6)根据各种汇总记账凭证登记总分类账。

(7)期末,将现金日记账、银行存款日记账和明细分类账的余额与总分类账的余额核对相符。

(8)期末,根据总分类账和明细分类账编制会计报表,进行财务分析。

汇总记账凭证账务处理程序的流程如图8-3所示。

二 汇总记账凭证账务处理程序的评价

汇总记账凭证账务处理程序是先编制汇总记账凭证,根据汇总记账凭证登记总分类账。它是在记账凭证账务处理程序的基础上发展起来的,与记账凭证账务处理程序的主要区别是在记账凭证和总分类账之间增加了汇总记账凭证。

优点:汇总记账凭证账务处理程序减轻了登记总分类账的工作量,便于了解账户之间的对应关系。此种记账程序一般情况下不能编制贷方有多个对应账户的转账凭证,即只能编制一借一贷或多借一贷的记账凭证。

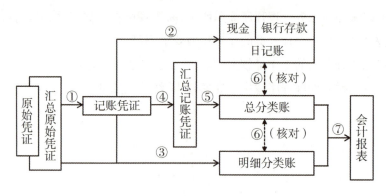

图 8-3

缺点：按每一贷方科目编制汇总转账凭证，不利于会计核算的日常分工，当转账凭证较多时，编制汇总转账凭证的工作量较大。

适用范围：该财务处理程序适用于规模较大、业务量较多且经济业务单一的企业。

第四节　科目汇总表账务处理程序

8.4 科目汇总表账务处理程序（回复 kj0804 获取课程解析）

一　科目汇总表账务处理程序的操作流程

科目汇总表账务处理程序是根据记账凭证定期编制科目汇总表，再根据科目汇总表登记总分类账的一种账务处理程序。其一般操作流程如下：

(1) 根据原始凭证编制汇总原始凭证。

(2) 根据原始凭证或汇总原始凭证编制记账凭证。

(3) 根据记账凭证逐笔登记现金日记账和银行存款日记账。

(4) 根据原始凭证、汇总原始凭证和记账凭证登记各种明细分类账。

(5) 根据记账凭证编制科目汇总表。

(6) 根据科目汇总表登记总分类账。

(7) 期末，现金日记账、银行存款日记账和明细分类账的余额与有关总分类账的余额核对相符。

(8) 期末，根据总分类账和明细分类账编制会计报表，进行财务分析。

科目汇总表账务处理程序的流程如图 8-4 所示。

二　科目汇总表账务处理程序的评价

科目汇总表账务处理程序是先编制科目汇总表，根据科目汇总表登记总分类账。这是实务工作中最常用的一种方法。

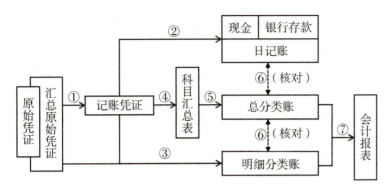

图 8-4

优点：科目汇总表账务处理程序减轻了登记总分类账的工作量，并可做到试算平衡、简明易懂、方便易学。

缺点：不能反映各科目的对应关系，不便于对经济业务进行分析和检查。如果记账凭证较多，根据记账凭证编制科目汇总表本身也是一项很复杂的工作，如果记账凭证较少，运用科目汇总表登记总账又起不到简化登记总账的作用。

适用范围：该财务处理程序适用于规模较大、业务量较多且经济业务繁杂的企业。

【例 8-1】根据碧佳公司 20×5 年 6 月记账凭证编制的科目汇总表，如表 8-1 所示。根据科目汇总表登记总账，如图 8-5 所示。

表 8-1 科目汇总表

20×5 年 6 月　　　　　　　　　　　　　　　　　　　总字第 1 号

金额单位：元

会计科目	借方发生额	贷方发生额
银行存款	347 475.00	473 660.40
应收账款	141 250.00	206 225.00
预付账款	400 000.00	468 950.00
库存商品	415 000.00	161 000.00
累计折旧		500.00
累计摊销		1 000.00
长期待摊费用		2 500.00
应付职工薪酬	46 500.00	35 000.00
应交税费	102 905.40	100 207.08
本年利润		4 087.92
主营业务收入	250 000.00	250 000.00

续表

会计科目	借方发生额	贷方发生额
主营业务成本	161 000.00	161 000.00
销售费用	25 000.00	25 000.00
管理费用	14 000.00	14 000.00
所得税费用	45 912.08	45 912.08
合　计	1 949 042.48	1 949 042.48

注：此处只展示银行存款总账的登记情况。

总分类账　　35

科目　银行存款

2×19年		凭证		摘要	借方	贷方	借或贷	余额	√
月	日	字	号						
				期初余额			借	5 000 000.00	
6	30	汇	1	汇总1~30日发生额	3 474 750.0	4 736 604.0	借	3 738 146.0	

图 8-5

根据经济业务性质和特点不同，经济业务规模大小不一，可选择与之相对应的账簿记账程序和方法。不同的账簿组织、记账程序和记账方法相互结合，就形成各种不同的会计核算形式。每个企业应结合自己的实际状况和具体条件，采用或设计适合自身经济业务性质和特点的会计核算形式。

因此，尽管每一个会计单位的业务各有特色，但都应该对会计核算形式做出明确的规定。一种合理有效的会计核算形式，一般应该符合下面的要求：

（1）与本单位生产、经营管理的特点、规模的大小和业务的繁简程度相适应。

（2）能正确、全面和及时地提供有关经济业务和财务收支情况，满足本单位经营管理和国家宏观管理工作的需要。

（3）要在保证核算指标正确、真实和系统完整的前提下，尽可能地简化不必要的核算手续，提高会计工作的效率，节约核算工作的人力、物力和财力。

第九章　财产清查

第一节　财产清查概述

9.1 财产清查概述（回复 kj0901 获取课程解析）

一　财产清查的概念与意义

财产清查是对各项财产物资进行实物盘点、账面核对以及对各项往来款项进行查询、核对，以保证账账、账实相符的一种专门方法。通过财产清查，可以查明各项货币资金的溢缺，各种固定资产、原材料、产成品、库存商品等实物财产以及应收、应付款项的账面余额与查询核实数额之间的差异。加强物资管理，监督财产是否完整，可为正确核算损益提供正确的资料。财产清查意义重大，主要体现在以下方面：

（1）通过财产清查，可以查明各项财产物资的实有数量，确定实有数量与账面数量之间的差异，查明原因和责任，以便采取有效措施，消除差异，改进工作，从而保证账实相符，提高会计资料的准确性。

（2）通过财产清查，可以查明各项财产物资的保管情况是否良好，有无因管理不善，造成霉烂、变质、损失浪费或者被非法挪用、贪污盗窃的情况，以便采取有效措施，改善管理，切实保障各项财产物资的安全完整。

（3）通过财产清查，可以查明各项财产物资的库存和使用情况，合理安排生产经营活动，充分利用各项财产物资，加速资金周转，提高资金使用效率。

二　财产清查的种类

在会计实务中，财产清查的种类很多，可以按不同的标准进行分类，如图9-1所示。

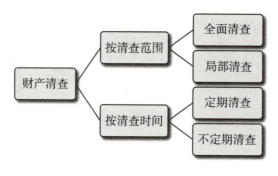

图 9-1

(一)按财产清查的范围分类

1. 全面清查

全面清查又称整体清查,是对企业所有财产进行全面清查、盘点和核对。全面清查范围广,工作量大,需要时间长,一般在年终决算或企业撤销、合并或改变隶属关系时进行。

2. 局部清查

局部清查也称重点清查,是根据需要只对财产中某些重点部分进行清查。这种清查可以定期进行,也可以不定期进行。通常,企业需要对那些流动性比较大的财产物资按制度规定和实际需要进行局部清查。例如,库存现金应每日进行清查,于每日终了清点库存,并与现金日记账进行核对;银行存款至少每月清查一次;原材料、产成品、库存商品等根据制度规定,除年终进行清查盘点外,月末、季末也需要进行清查盘点;实物负责人、保管员易岗交接时,也需要对库存商品、材料、物资等进行盘点。

(二)按财产清查的时间分类

1. 定期清查

定期清查是指按照预先计划安排的时间对财产物资、货币资金、往来款项进行的清查。定期清查一般在月末、季末、半年末、年末结账前进行,它既可以是对财产物资、货币资金、往来账款进行的全面清查,也可以是只对其中某些部分进行的局部清查,主要是对材料、商品、产成品、在产品、现金、银行存款、银行借款、债权债务等进行清查。年末进行全面清查,主要是对各项财产物资、货币资金、债权债务进行清查。

2. 不定期清查

不定期清查是根据实际需要所进行的临时性清查,事先并无规定的清查时间。不定期清查的清查范围根据实际需要,可以是全面清查,如在企业清算、撤销或合并时,为查清单位实际拥有资产情况所进行的临时性清查;也可以是局部清查,如因更换仓库保管人时,为分清经济责任,对被更换保管人员所管理的资产进行的清查或发生非常灾害和意外损失时,为查明损失情况,对受灾的资产进行的清查等。

第二节 财产清查的方法

9.2 财产清查的方法（回复 kj0902 获取课程解析）

企业的各种实物、货币资金和往来款项特点各有不同,因此进行财产清查时,应采用与其特点和管理要求相适应的方法。

一 实物资产的清查方法

实物资产的清查是指对原材料、在产品、库存商品、固定资产等财产物资的清查。由于实物资产的品种繁多,且实物形态、体积重量、堆放方式等各不相同,因此需要采用不同的方法进行清查。实物资产的清查方法最常用的有实地盘点法和技术测算盘点法。

（一）实地盘点法

实地盘点法是指通过逐一清点或使用计量器具衡量出实物的实际结存数量。这种方法计量准确、直观,适用范围较大,对大多数实物资产的清查都适用。

（二）技术测算盘点法

技术测算盘点法是指通过量方、计尺等方法,结合有关数据,测算出实物的实际结存数量。这种盘点方法计量的结果不是十分准确,允许存在一定的误差,适用于大量、分散、成堆、笨重、难以逐一清点的财产物资。

在实物清查过程中,为明确经济责任,便于查核,应将盘点的情况填制在相关的凭证上,并由参加盘点的人员和实物保管员共同签字。这些凭证是会计对财产清查结果进行账务处理的重要原始凭证。

"盘存单"是记录盘点日期财产物资实存数量的书面证明。盘存单内实物的编号、名称、计量单位和单价应与实物明细账保持一致。为保证完整,应将盘点日期所有的商品存货填入盘存单,不得遗漏。盘存单的一般格式如表9-1所示。

表9-1 盘存单

单位名称： 盘点时间：
财产类别： 存放地点： 编号：

编号	名称	规格	单位	数量	单价	金额	备注

盘点人(签章)： 实物保管人(签章)：

由于实物品种规格很多,填制盘存单的工作量很大。在永续盘存制下,也可采用将明细账的结存数量与实物数量直接核对的方法,不填制盘存单。因实地盘存制是"以存计销",故采用此方法时必须填制盘存单。

"账存实存对比表"是记录各种实物的账存数和实存数差异的原始凭证。财产清查中,对所有的实物溢缺情况,都应填制账存实存对比表。此表既是调整账面记录的原始依据,也是分析差异原因,查明经济责任的依据。账存实存对比表的一般格式如表9-2所示。

表9-2 账存实存对比表

单位名称: 　　　　　　　　　　　年　月　日　　　　　　　　　　编号:

编号	名称	规格	单位	单价	账存		实存		对比结果				备注
					数量	金额	数量	金额	盘盈		盘亏		
									数量	金额	数量	金额	

二　货币资金的清查方法

货币资金的清查是财产清查的重要组成部分,主要针对企业库存现金和银行存款进行清查核对。

(一)库存现金的清查

库存现金的清查是通过实地盘点进行的。清查前,出纳员应将有关现金的凭证全部登记入账。为明确责任,清查库存现金时出纳员必须在场,现钞应逐张查点。一切借条、收据不准充抵现金,并查明库存现金是否超过限额,有无坐支现金的问题,然后将清查结果编制库存现金盘点报告表,它既是盘存清单,又是实存账存对比表。库存现金盘点表的一般格式如表9-3所示。

表9-3 库存现金盘点表

　　　　　　　　　　　　　年　月　日　　　　　　　　　　编号:

账存金额	实存金额	盘盈	盘亏	备注

续表

账存金额	实存金额	盘 盈	盘 亏	备 注

盘点人：　　　　　　　　　　　　　　　　　　　　　　出纳员：

实际工作中，由于现金的收支业务十分频繁，容易出现差错，因此，出纳员应当经常进行现金盘点，做到日清月结。这种清查是由出纳人员在每日工作结束前，将"现金日记账"当日账面结存数额与库存现金实际盘点数额进行核对，以此检查当日工作准确与否，确保每日账实相符。

（二）银行存款的清查

银行存款清查是采用核对法进行的，是指将开户银行定期送来的对账单与本单位的银行存款日记账逐笔进行核对，以查明银行存款收、付及余额是否正确相符。

清查之前应将本单位所发生的经济业务全部记入"银行存款日记账"，再对账面记录进行检查复核，确定账簿是完整、准确的。然后，将银行提供的"对账单"与"银行存款日记账"账面记录进行逐笔核对。

一般情况下，即使核对后的"银行存款日记账"与开户银行发来的"对账单"双方记录都正确无误，也会出现双方余额不相等的情况。这是由于银行存款日常的收付业务频繁，开户银行和单位在办理结算手续和凭证传递、入账的时间不一致造成的，即单位"银行存款日记账"和开户银行"对账单"之间存在"未达账项"。

未达账项是指由于企业与银行取得凭证的实际时间不同，导致记账时间不一致，而发生的一方已取得结算凭证且已登记入账，而另一方未取得结算凭证尚未入账的款项。企业和银行之间可能会发生以下四个方面的未达账项：

（1）银行已经收款入账，而企业尚未收到银行的收款通知，因而未收款入账的款项（银行已收而企业未收），如委托银行收款等。

（2）银行已经付款入账，而企业尚未收到银行的付款通知，因而未付款入账的款项（银行已付而企业未付），如借款利息的扣付、托收无承付等。

（3）企业已经收款入账，而银行尚未办理完转账手续，因而未收款入账的款项（企业已收而银行未收），如收到外单位的转账支票等。

（4）企业已经付款入账，而银行尚未办理完转账手续，因而未付款入账的款项（企业已付而银行未付），如企业已开出支票而持票人尚未向银行提现或转账等。

出现第（1）和第（4）种情况时，会使开户单位银行存款账面余额小于银行对账单的存款余额；出现第（2）种和第（3）种情况时，会使开户单位银行存款账面余额大于银行对账单的存款余额。无论出现哪种情况，都会使开户单位存款余额与银行对账单存款余额不一致，对此，必须编制"银行存款余额调节表"进行调节。

出现第(1)和第(2)种情况时,开户单位应到银行取得相关结算凭证回来入账。

银行存款余额调节表格式如表9-4所示。

表9-4 银行存款余额调节表

开户行及账号　　　　　　　　　　　　　年　月　日　　　　　　　　　　　　单位:元

项目	金额	项目	金额
企业银行存款日记账余额		银行对账单余额	
加:银行已收、企业未收款		加:企业已收、银行未收款	
减:银行已付、企业未付款		减:企业已付、银行未付款	
调节后的余额		调节后的余额	

三 往来款项的清查方法

往来款项是指企业在生产经营过程中发生的各种应收、应付款项及预收、预付款项。如企业放松对往来款项的管理,销售部门只管销售,会计部门只管记账,不经常和对方核对账目,久而久之极易造成往来款项悬账及呆账,故对于往来款项的清查是很有必要的。

财产清查中,对于往来款项,不需要像"银行存款"每月与有关单位核对,应视具体情况而定。一般采用与对方单位或个人通过对账单核对账簿记录的方法进行。

清查之前应确保本单位所发生的往来款项都已准确登记完毕。确定无误后编制往来款项的"对账单",转送对方单位或个人进行核对。对方单位或个人如果核对相符,应在回单联上盖章退回,若发现数额不符,应在回单联上注明不符的情况,再另抄写一份对账单一起退回,作为进一步核对的依据。单位收到回单后,如果确系记录有误,应按规定手续进行更正,如果有未达账项,应进行调整,待收到正式凭证后,再做账簿调整。对于有争议的或回收无望的款项,应及时采取措施,尽可能地减少坏账损失。

往来款项清查以后,应将清查结果编制成"往来款项清查表",一般格式如表9-5所示。

表9-5 往来款项清查表

总账科目:　　　　　　　　　　　　　　　年　月　日　　　　　　　　　　　　单位:元

明细科目	账面余额	对方核实数额	不符数额	不符原因分析					备注
				未达账项	拖付款项	争执款项	坏账	其他	

第三节 财产清查结果的处理

一 财产清查结果处理的步骤

财产清查的结果,必须按国家有关财务制度的规定,严肃认真地给予处理。财产清查中发现的盘盈、盘亏、毁损、变质、超储、积压等问题,应认真核对数字,按规定的程序上报批准后再行处理;对于长期未清或有争执的债权、债务,也应核准数额上报待批准后处理。其具体步骤共分三步。

(一)核准数字,查明差异原因

根据清查情况,编制全部清查结果的"实存账存对比表"(亦称"财产物资盈亏报告单"),对各项差异产生的原因进行分析,明确经济责任,据实提出处理意见,呈报有关领导和部门批准。对于债权债务在核对过程中出现的争议问题,应及时组织清理;对于超储积压物资应及时提出处理方案。

(二)调整账簿,做到账实相符

在核准数字,查明原因的基础上,根据"实存账存对比表"编制记账凭证,并据以登记账簿,使各项财产物资做到账实相符。在做好以上调整账簿工作后,即可将所编制的"实存账存对比表"和所撰写的文字说明,一并报送有关领导和部门批准。

(三)批准后,进行账务处理

当有关领导部门对所呈报的财产清查结果提出处理意见后,应严格按批复意见进行账务处理,编制记账凭证,登记有关账簿,并追回由于责任者个人原因造成的损失。

二 财产清查结果的账务处理

为了反映和监督各单位在财产清查过程中查明的各种财产的盘盈、盘亏和毁损情况,企业应当设置"待处理财产损溢"科目。各项待处理财产物资的盘盈净值,在批准前记入该科目的贷方,批准后结转已批准处理财产物资的盘盈数登记在该科目的借方,该科目的贷方余额表示尚待批准处理的财产物资的盘盈数;各项待处理财产物资的盘亏及毁损净值,在批准前记入该科目的借方,批准后结转已批准处理财产物资的盘亏及毁损数并登记在该科目的贷方,该科目的借方余额表示尚待批准处理的财产物资的盘亏及毁损,如图9-2所示。

借方	**待处理财产损溢**	贷方
已发生但尚未处理的财产物资的盘亏或毁损数额,以及经批准转销的盘盈数额		已发生但尚未处理的财产物资的盘盈数额,以及经批准转销的盘亏或毁损数额

图 9-2

为分别反映和监督企业固定资产和流动资产的盈亏情况,通常开设"待处理流动资产损溢"和"待处理固定资产损溢"两个明细科目进行分类核算。

> 在各项财产物资、货币资金的保管过程中,由于管理制度不健全、计量不准确等原因发生实物数字大于账面数字的情况为盘盈。
> 在财产清查中发现,财产物资由于管理不善、非常损失等原因造成的实物数字小于账面数字的情况为盘亏或毁损。

(一)现金短缺和溢余的账务处理

现金清查中发现现金短缺或盈余时,应及时根据"现金盘点报告单"进行账务处理,先根据短款或长款的金额记入"待处理财产损溢——待处理流动资产损溢"科目,待查明原因后再进行处理。

1. 现金溢余的账务处理

现金溢余,属于应支付给相关人员或单位的现金,应借记"待处理财产损溢"科目,贷记"其他应付款"科目;属于无法查明原因或非常损失的,经批准后,借记"待处理财产损溢"科目,贷记"营业外收入"科目。

【例 9-1】A 企业于 20×5 年 6 月 30 日在现金清查时发现现金溢余(长款)500 元。

(1)在批准前,根据"现金盘点报告表"所确定现金的盘盈数字,编制如下会计分录:

借:库存现金　　　　　　　　　　　　　　　　500
　　贷:待处理财产损溢——待处理流动资产损溢　　500

(2)经核查无法查明原因,报经批准作营业外收入处理,编制如下会计分录:

借:待处理财产损溢——待处理流动资产损溢　　500
　　贷:营业外收入——现金溢余　　　　　　　　500

2. 现金短缺的账务处理

现金清查中发现短缺的现金,应区分短缺原因,属于应由责任人赔偿的部分,借记"其他应收款"或"库存现金"等科目,贷记"待处理财产损溢"科目;属于应由保险公司赔偿的部分,借记"其他应收款——应收保险赔款"科目,贷记"待处理财产损溢"科目;属于无法查明原因的,经批准后,借记"管理费用——现金短缺"科目,贷记"待处理财产损溢"科目。

【例 9-2】A 企业于 20×5 年 6 月 30 日在现金清查时发现现金短缺(短款)1 800 元。

(1)在批准前,根据"现金盘点报告表"所确定现金的盘亏数字,编制如下会计分录:

借:待处理财产损溢——待处理流动资产损溢 1 800
　　贷:库存现金 1 800

(2)经核查,其中800元属于出纳王某保管不力造成;另外1 000元短缺原因不明。经企业处理决定由王某赔偿800元。A企业的账务处理如下:

借:其他应收款——出纳王某 800
　　管理费用——现金短缺 1 000
　　贷:待处理财产损溢——待处理流动资产损溢 1 800

(3)王某交纳现金赔款时,编制如下会计分录:

借:库存现金 800
　　贷:其他应收款——出纳王某 800

(二)存货盘盈和盘亏的账务处理

因存货的盘盈和盘亏而产生的收益和损失应当计入当期损益。

1. 存货盘盈的账务处理

存货盘盈时,应及时办理存货入账手续,调整存货账簿的实存数。盘盈的存货应按其重置成本作为入账价值,借记"原材料""库存商品"等科目,贷记"待处理财产损溢——待处理流动资产损溢"科目。

对于盘盈的存货,应及时查明原因,按管理权限报经批准后,冲减管理费用,应借记"待处理财产损溢——待处理流动资产损溢"科目,贷记"管理费用"科目。

【例9-3】A企业在财产清查中,盘盈钢材4吨,价值12 000元。经核查,该项盘盈系计量仪器不准所致,经批准作冲减管理费用处理。

(1)在批准前,根据"实存账存对比表"所确定的材料盘盈数字,编制如下会计分录:

借:原材料 12 000
　　贷:待处理财产损溢——待处理流动资产损溢 12 000

(2)在批准后,根据批准意见予以处理,应编制如下会计分录:

借:待处理财产损溢——待处理流动资产损溢 12 000
　　贷:管理费用 12 000

2. 存货盘亏的账务处理

存货盘亏时,应按盘亏的金额借记"待处理财产损溢——待处理流动资产损溢"科目,贷记"原材料""库存商品"等科目。材料、产成品、商品采用计划成本(或售价)核算的,还应同时结转材料成本差异(或商品进销差价)。涉及增值税的,还应进行相应处理。

对于盘亏的存货,应及时查明原因。按管理权限报经批准后,再根据造成亏损的原因,分以下情况进行账务处理:①属于自然损耗产生的定额内亏损,经批准可列作管理费用。②属于超定额短缺和亏损,能确定过失人的,应由过失人负责赔偿;属于保险责任范围内的,应向保险公司索赔。将扣除过失人、保险赔款以及残值后的损失计入管理费用。③属于自然灾害造成的非常损失,扣除保险赔款和残值后计入营业外支出。

【例9-4】某一般纳税人企业期末盘点原材料时,发现材料短缺成本为15 000元。

(1)在批准前,根据"实存账存对比表"所确定的材料盘亏数字,编制如下会计分录:

借:待处理财产损溢——待处理流动资产损溢　　　15 000
　　贷:原材料　　　　　　　　　　　　　　　　　15 000

经查明,该项盘亏的材料中,有5 000元为定额内的自然损耗,另外10 000元属于过失人王某造成的损失。

根据规定,企业购进的货物,在产品、产成品发生的非正常损失,其进项税额不得从销项税额中抵扣,应从当期发生的进项税额中转出。本例库存材料非正常损失应转出的进项税额为1 300元(10 000×13%),编制如下会计分录:

借:待处理财产损溢——待处理流动资产损溢　　　1 300
　　贷:应交税费——应交增值税(进项税额转出)　　1 300

(2)经批准,王某造成的损失由其个人承担,定额内的损耗记入管理费用。编制会计分录如下:

借:其他应收款——王某　　　　　　　　　　　　11 300
　　管理费用　　　　　　　　　　　　　　　　　　5 000
　　贷:待处理财产损溢——待处理流动资产损溢　　16 300

(三)固定资产盘盈和盘亏的账务处理

企业应定期或者至少于每年年末对固定资产进行清查盘点,以保证固定资产核算的真实性。在固定资产清查过程中,如果发现盘盈、盘亏的固定资产,应当填制固定资产盘盈、盘亏报告表,并及时查明原因,按照规定程序报批处理。

1.固定资产盘盈的账务处理

为了限制企业利用盘盈固定资产来操纵利润,我国现行企业会计准则及其应用指南要求企业对固定资产盘盈比照会计差错进行账务处理。

企业在财产清查过程中盘盈的固定资产,经查明确属企业所有,按管理权限报经批准后,应根据盘存凭证填制固定资产交接凭证,经有关人员签字后送交企业会计部门,填写固定资产卡片账,并作为前期差错处理,通过"以前年度损益调整"科目核算。

盘盈的固定资产通常按其重置成本作为入账价值,借记"固定资产"科目,贷记"以前年度损益调整"科目。涉及增值税、所得税和盈余公积的,还应按相关规定处理。

【例9-5】某企业年终进行财产清查,发现账外机器一台,按照相同新旧程度机器的市场价格估计,其重置成本为30 000元。假设不考虑税费其他因素,该企业应编制如下会计分录。

(1)盘盈固定资产时,

借:固定资产　　　　　　　　　　　　　　　　　30 000
　　贷:以前年度损益调整　　　　　　　　　　　　30 000

(2)结转为留存收益时,

借：以前年度损益调整　　　　　　　　　　　　30 000
　　贷：利润分配——未分配利润　　　　　　　　　　30 000

2. 固定资产盘亏的账务处理

固定资产的盘亏，在批准前先将固定资产的净值借记"待处理财产损溢——待处理固定资产损溢"科目，按已计提的折旧额借记"累计折旧"，按原值贷记"固定资产"科目。按管理权限报经批准后，属于过失人及保险公司应赔偿部分，借记"其他应收款"科目，盘亏固定资产的原价扣除累计折旧和过失人及保险公司赔偿后的差额，借记"营业外支出"科目，按盘亏固定资产的账面价值，贷记"待处理财产损溢——待处理固定资产损溢"科目。

盘亏的固定资产，应及时办理注销手续，并将"固定资产卡片"从原来的归类中抽出，另行保管，同时，还应在"固定资产登记簿"上做相应的记录。

【例9-6】某企业在年末对固定资产进行清查时，发现丢失一台车床，该设备账面原值40 000元，已提折旧28 000元。

(1)在批准前，根据"实存账存对比表"所确定的固定资产盘亏数，编制如下会计分录：

借：待处理财产损溢——待处理固定资产损溢　　　12 000
　　累计折旧　　　　　　　　　　　　　　　　　　28 000
　　贷：固定资产　　　　　　　　　　　　　　　　　　40 000

(2)经核查，该车床丢失的原因是保管员王某看守不当造成的。经批准，由保管员赔偿8 000元。转销固定资产净损失应编制如下会计分录：

借：其他应收款——王某　　　　　　　　　　　　8 000
　　营业外支出　　　　　　　　　　　　　　　　　4 000
　　贷：待处理财产损溢——待处理固定资产损溢　　　　12 000

(四)坏账损失及无法偿还债务的账务处理

1. 坏账损失的账务处理

企业因赊销所发生的应收账款，可能因债务单位破产等原因而无法收回，在会计上称为坏账。由于坏账的发生而导致的损失，称为坏账损失，坏账损失会影响企业的经营效益。在财产清查中，如果有长期未清的往来款项，应及时处理，由于对方单位撤销或债务人不存在等原因造成确实收不回的应收款项，经批准应予以转销。

企业的应收账款具备以下三个条件之一时，应确认为坏账：①因债务人破产或被撤销，依照民事诉讼法进行清偿后，确实无法追回的应收账款；②因债务人死亡，既无遗产可以清偿，又无义务承担人，确认为无法收回的应收账款；③因债务人逾期未履行偿债义务超过三年，经查确实无力偿还的应收账款。

坏账损失的处理有直接核销法和备抵法两种。

> 企业会计准则规定我国企业的坏账必须使用备抵法;小企业会计准则则使用直接核销法核算坏账。

采用备抵法的企业,应设置"坏账准备"账户,核算坏账准备的提取和转销情况。"坏账准备"账户属于"应收账款""应收票据""预付账款""其他应收款"等账户的备抵账户,贷方登记坏账准备的提取数,借方登记坏账准备的冲销数,余额在贷方,表示期末已经提取、尚未冲销的坏账准备数。

【例9-7】某企业应收A公司的账款余额为100 000元,根据企业会计准则确定应计提的坏账准备金额为5 000元,应编制如下会计分录:

借:信用减值损失　　　　　　　　　　　　　5 000
　　贷:坏账准备　　　　　　　　　　　　　　　5 000

【例9-8】接上例,该企业对A公司的应收账款实际发生坏账损失5 000元,应编制如下会计分录:

借:坏账准备　　　　　　　　　　　　　　　5 000
　　贷:应收账款——A公司　　　　　　　　　　5 000

2. 无法偿还债务的账务处理

对于企业确实无法偿付的应付账款,应借记"应付账款"科目,贷记"营业外收入"科目。

【例9-9】某企业应付B公司账款5 000元,由于对方机构已撤销,无法支付账款,经领导批准后计入营业外收入。

借:应付账款——B公司　　　　　　　　　　　5 000
　　贷:营业外收入　　　　　　　　　　　　　　5 000

第十章 财务报表

一个月、一个季度或一个年度结束后,企业的经营情况是盈利还是亏损,目前还有多少资产及欠款等,我们都要通过一定的介质传达给内部或外部需求者,这种介质就是财务报表。

第一节 财务报表概述

10.1 财务报表概述(回复 kj1001 获取课程解析)

一、财务报表的概念

财务报表是总括反映会计主体某一特定日期财务状况和某一时期内经营成果及现金流量等会计信息的一种书面文件。

财务报表包括会计报表及其附注和其他应当在财务会计报告中披露的相关信息和资料,如图 10-1 所示。

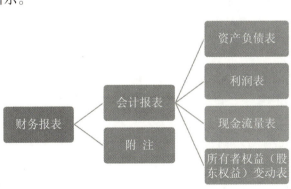

图 10-1

本章主要介绍三大报表:资产负债表、利润表和现金流量表。

> 小企业实际报税工作中,资产负债表和利润表是必报报表,现金流量表可以选报送。

二 财务报表的分类

财务报表是综合反映会计主体特定日期财务状况和一定时期经营成果及现金流量的书面文件。根据需要,可以按照不同的标准进行分类,如表10-1所示。

表10-1 财务报表分类表

分类标准	分类	说明
按反映的经济内容	静态会计报表	资产负债表(财务状况)
	动态会计报表	利润表(经营成果)、现金流量表(现金流量)
按编制时期	年度财务报表	每年末编制的财务报表
	中期财务报表	包括月报、季报、半年报
按报送对象	外部财务报表	满足企业外部投资者、债权人和政府部门的需求而定期提供的财务报表,由财政部统一规定种类、格式和方法
	内部财务报表	满足企业内部经营管理需要,无统一格式和要求,一般不对外公开
按编制单位	单位财务报表	独立核算的基层单位编制反映本单位情况的报表
	汇总财务报表	主管部门对所有下属单位的报表数据按规定的格式把各项目数据相加而形成的财务报表
按包括的会计主体范围	单独财务报表	仅反映企业本身的财务数据
	合并财务报表	以整个企业集团为一个会计主体,以组成企业集团的母公司和子公司的个别会计报表为基础,抵消个别会计报表有关项目的数额而编制的会计报表

三 财务报表的编制

(一)财务报表编制前的准备工作

在编制财务报表前,需要完成下列工作:

(1)严格审核会计账簿的记录和有关资料。

(2)进行全面财产清查、核实债务,发现问题应及时查明原因,按规定程序报批后,进行相应的会计处理。

(3) 按规定的结账日结账,结出有关会计账簿的余额和发生额,并核对各会计账簿之间的余额。

(4) 检查相关的会计核算是否按照国家统一会计制度的规定进行。

(5) 检查是否存在因会计差错、会计政策变更等原因需要调整前期或本期相关项目的情况等。

(二) 财务报表的编制要求

由于财务报表有着重要的作用,而财务报表的质量决定了其发挥作用的程度。因此需要经过上述结账、对账和财产清查等会计程序后,以特定日期的静态企业情况为基准,浓缩成一张报表。其编制要求如表10-2所示。

表10-2 财务报表的编制要求

数字真实	财务报表是一个信息系统,要求各项数据真实可靠,客观地反映企业的财务状况、经营成果和现金流量,不得使用估计或推算数字,更不得弄虚作假,隐瞒谎报数据
计算准确	财务报表必须在账账相符、账实相符的基础上编制,并对报表中各项指标认真地计算,做到账表相符,以保证会计信息的准确性
内容完整	财务报表必须全面地反映企业的财务状况、经营成果和现金流量,各财务报表之间、财务报表的各项指标之间是相互联系、互为补充的。因此,企业要按照国家统一规定的报表种类、格式和内容进行填报,不得漏编、漏报
报送及时	财务报表必须在规定的期限内及时报送。使投资者、债权人、财政部门、税务部门和上级主管部门及时了解企业的财务状况、经营成果和现金流量,以保证会计信息的使用者进行决策时的时效性

第二节 资产负债表

10.2 资产负债表(回复 kj1002 获取课程解析)

一 资产负债表的概念与作用

资产负债表是反映企业(以企业为例,下同)在某一特定日期(月末、季末、年末)的财务状况的财务会计报表。财务状况,即资产、负债和所有者权益状况。该报表列报的是时点数据,故又称为"静态报表"。时点如图10-2所示。

图10-2

资产负债表的作用主要有：①提供企业资产总额及分布状况；②反映企业负债总额及其结构状况；③反映企业所有者权益总额及其结构状况；④提供财务数据资料，据以分析评价企业的偿债能力。

二 资产负债表的结构与格式

资产负债表应当按照资产、负债和所有者权益三大类别分类列报。

（一）资产负债表的基本结构

资产负债表一般由表头、表体两部分组成。表头部分应列明报表名称、编制单位名称、资产负债表日、报表编号和计量单位；表体部分是资产负债表的主体，列示了用以说明企业财务状况的各个项目。

根据财务报表信息列报的可比性要求，财务报表至少应当提供所有列报项目上一可比会计期间的比较数据。

账户式资产负债表分为左右两方，左边为资产，右边为负债和所有者权益。遵循的是"资产＝负债＋所有者权益"这一恒等关系。其资产项目按照资产的账户式流动性大小列示于报表的左方，分为流动资产和非流动资产两大项目，并根据其流动速度由快至慢将各项顺序排列。负债和所有者权益项目列示于报表的右方，一般按求偿权先后顺序排列，报表左右双方总计金额相等。其优点是资产、负债和所有者权益的恒等关系一目了然。资产负债表简易结构如图10-3所示。

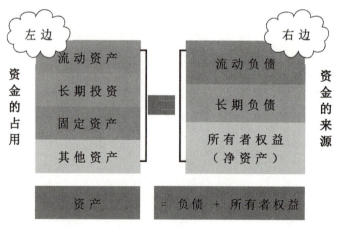

图10-3

（二）资产负债表的格式

目前报表的格式一共有三种，如表10-3所示。

表 10-3 不同会计制度下的报表

会计制度		适用报表
企业会计准则	已执行新准则	一般企业财务报表格式（适用于已执行新金融准则、新收入准则和新租赁准则的企业）
	未执行新准则	一般企业财务报表格式（适用于未执行新金融准则、新收入准则和新租赁准则的企业）
企业会计准则		小企业会计报表

财会〔2019〕6 号文中发布了新的"一般企业财务报表格式"。实际工作中如果企业采用的是小企业会计准则等，财务报表格式里具体的报表项目会有细微差别。但无论采用哪种会计制度，报表的格局是不变的。了解了报表的内容及编制方法，不论采用哪种格式，我们都可以轻松搞定。下面展示一般企业财务报表格式（适用于未执行新金融准则、新收入准则和新租赁准则的企业，如表 10-4 所示。

表 10-4 资产负债表

会企 01 表

编制单位：　　　　　　　　　　　年　月　日　　　　　　　　　金额单位：元

资　产	期末余额	上年年末余额	负债和所有者权益（或股东权益）	期末余额	上年年末余额
流动资产：			流动负债：		
货币资金			短期借款		
交易性金融资产			交易性金融负债		
衍生金融资产			衍生金融负债		
应收票据			应付票据		
应收账款			应付账款		
应收款项融资			预收款项		
预付款项			合同负债		
其他应收款			应付职工薪酬		
存货			应交税费		
合同资产			其他应付款		
持有待售资产			持有待售负债		
一年内到期的非流动资产			一年内到期的非流动负债		

续表

资　产	期末余额	上年年末余额	负债和所有者权益（或股东权益）	期末余额	上年年末余额
其他流动资产			其他流动负债		
流动资产合计			流动负债合计		
非流动资产：			非流动负债：		
债权投资			长期借款		
其他债权投资			应付债券		
长期应收款			其中:优先股		
长期股权投资			永续债		
其他权益工具投资			租赁负债		
其他非流动金融资产			长期应付款		
投资性房地产			预计负债		
固定资产			递延收益		
在建工程			递延所得税负债		
生产性生物资产			其他非流动负债		
油气资产			非流动负债合计		
使用权资产			负债合计		
无形资产			所有者权益(或股东权益)：		
开发支出			实收资本(或股本)		
商　誉			其他权益工具		
长期待摊费用			其中:优先股		
递延所得税资产			永续债		
其他非流动资产			资本公积		
非流动资产合计			减:库存股		
			其他综合收益		
			专项储备		
			盈余公积		
			未分配利润		
			所有者权益(或股东权益)合计		
资产总计			负债和所有者权益(或股东权益)总计		

三 资产负债表的编制

资产负债表应采取前后期对比的方式编制。资产负债表中的列次除了有相关项目外,还有"上年年末余额"和"期末余额",这两栏均是时点数。

"上年年末余额"是表中各项目的上年年末时点账上结存的金额。如果企业上年度资产负债表规定的项目名称和内容与本年度不一致,应当对上年年末资产负债表相关项目的名称和数字按照本年度的规定进行调整,填入"上年年末余额"栏。"期末余额"就是报表月份表中各项目月底这个时点账上结存的金额。

(一)"期末余额"的填列方法

资产负债表的期末余额,应根据资产、负债和所有者权益类有关科目的期末余额填列,具体方法如下。

1. 直接根据总账科目余额填列

资产负债表中大多数项目都可以根据总账科目的余额直接填列,如"短期借款""应交税费""实收资本""资本公积""盈余公积"等项目,应根据各相关总账科目的余额填写。

2. 根据多个总账科目余额计算填列

如资产负债表中的"货币资金"项目需要根据"库存现金""银行存款"和"其他货币资金"三个总账科目的期末余额合计数填列;如图10-4所示,"未分配利润"项目需根据"本年利润"和"利润分配"总账科目的期末余额合计数填列。

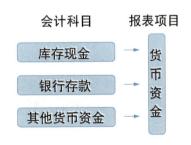

图 10-4

3. 根据明细账科目余额计算填列

如资产负债表中的"应收账款"项目,需要根据"应收账款"和"预收账未"两个科目所属的相关明细科目的期末借方余额,减去"坏账准备"科目中其相关坏账准备期末余额后的金额填列;"预收款项"项目,需要根据"应收账款"和"预收账款"科目所属各明细科目的期末贷方余额计算填列;如图10-5所示。

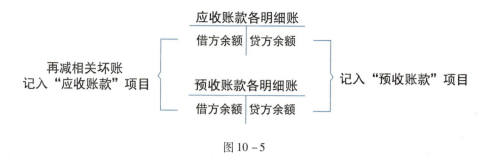

图 10 – 5

"应付账款"项目,需要根据"应付账款"和"预付账款"两个科目所属的相关明细科目的期末贷方余额计算填列;"预付款项"项目,需要根据"应付账款"和"预付账款"科目所属各明细科目的期末借方余额合计数减去与"预付账款"有关的坏账准备贷方余额计算填列,如图 10 – 6 所示。

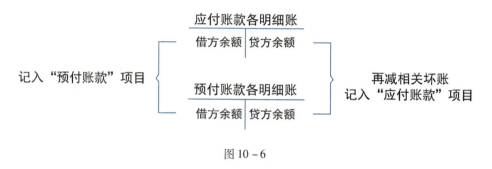

图 10 – 6

4. 总账科目和明细账科目余额分析计算填列

如资产负债表中的"长期借款"项目,需要根据"长期借款"总账科目余额,扣除"长期借款"科目所属的明细科目将在一年内到期且企业不能自主地将清偿义务展期的长期借款后的金额计算填列。

5. 根据有关科目余额减去其备抵科目余额后的净额填列

如资产负债表中的"固定资产"项目,需要根据"固定资产"科目的余额,减去"累计摊销""累计折旧""固定资产减值准备"等备抵科目余额后的净额填列;"无形资产"项目,需要根据"无形资产"科目的余额,减去"累计摊销"和"无形资产减值准备"科目余额后的净额填列。

6. 综合运用上述填列方法分析填列

如资产负债表中的"存货"项目,需要根据"原材料""库存商品""委托加工物资""周转材料""材料采购""在途物资""发出商品""材料成本差异"等总账科目期末余额的分析汇总数,再减去"存货跌价准备"科目余额后的净额计算填列。

(二)资产负债表常涉项目的填列说明

(1)资产类项目的填列说明如表 10 – 5 所示。

表 10-5 资产项目的填列项目

资产项目	填列说明
货币资金	反映企业库存现金、银行结算户存款、外埠存款、银行汇票存款、银行本票存款、信用卡存款、信用证保证金存款等的合计数,应根据"库存现金""银行存款"和"其他货币资金"科目期末余额的合计数填列
交易性金融资产	反映资产负债表日企业分类为以公允价值计量且其变动计入当期损益的金融资产,以及企业持有的指定为以公允价值计量且其变动计入当期损益的金融资产的期末账面价值,应根据"交易性金融资产"科目的相关明细科目的期末余额分析填列。自资产负债表日起超过一年到期且预期持有超过一年的以公允价值计量且其变动计入当期损益的非流动金融资产的期末账面价值,在"其他非流动金融资产"科目反映
应收票据	反映资产负债表日以摊余成本计量的,企业因销售商品、提供服务等收到的商业汇票,包括银行承兑汇票和商业承兑汇票,应根据"应收票据"科目的期末余额,减去"坏账准备"科目中相关坏账准备期末余额后的金额分析填列
应收账款	反映资产负债表日以摊余成本计量的,企业因销售商品、提供服务等经营活动应收取的款项,应根据"应收账款""预收账款"科目所属明细科目期末借方余额合计数,减去"坏账准备"科目中相关坏账准备期末余额后的金额分析填列
应收款项融资	反映资产负债表日以公允价值计量且其变动计入其他综合收益的应收票据和应收账款等
预付款项	反映资产负债表日企业因购买材料、商品和接受服务等经营活动预付的款项,应根据"应付账款""预付账款"科目分析填列,将其中期末为借方余额的明细科目加总起来,再减去"坏账准备"科目中相应的准备,按照相减后的差额填列
其他应收款	应根据"应收利息""应收股利"和"其他应收款"科目的期末余额合计数,减去"坏账准备"科目中相关坏账准备期末余额后的金额填列。其中的"应收利息"仅反映相关金融工具已到期可收取但于资产负债表日尚未收到的利息。基于实际利率法计提的金融工具的利息应包含在相应金融工具的账面余额中
存货	反映资产负债表日企业在库、在途和在加工中的各项存货的账面价值,应根据"材料采购""原材料""生产成本""库存商品""低值易耗品""周转材料""委托加工物资""委托代销商品""受托代销商品"等科目的期末余额合计数,减去"受托代销商品款""存货跌价准备"科目期末余额后的净额填列。材料采用计划成本核算,以及库存商品采用计划成本核算或售价核算的企业,还应按加或减材料成本差异、商品进销差价后的金额填列
合同资产	企业应按照《企业会计准则第14号——收入》(2017年修订)的相关规定根据本企业履行履约义务与客户付款之间的关系在资产负债表中列示"合同资产"科目。"合同资产"科目应根据"合同资产"科目的相关明细科目的期末余额分析填列,同一合同下的合同资产和合同负债应当以净额列示。其中,净额为借方余额的,应当根据其流动性在"合同资产"或"其他非流动资产"项目中填列;已计提减值准备的,还应减去"合同资产减值准备"科目中相关的期末余额

续表

资产项目	填列说明
持有待售资产	反映资产负债表日划分为持有待售类别的非流动资产及划分为持有待售类别的处置组中的流动资产和非流动资产的期末账面价值,应根据"持有待售资产"科目的期末余额,减去"持有待售资产减值准备"科目的期末余额后的金额填列
一年内到期的非流动资产	通常反映预计自资产负债表日起一年内变现的非流动资产。对于按照相关会计准则采用折旧(或摊销、折耗)方法进行后续计量的固定资产、使用权资产、无形资产和长期待摊费用等非流动资产,折旧(或摊销、折耗)年限(或期限)只剩一年或不足一年的,或预计在一年内(含一年)进行折旧(或摊销、折耗)的部分,不得归类为流动资产,仍在各该非流动资产项目中填列,不转入"一年内到期的非流动资产"项目
债权投资	反映资产负债表日企业以摊余成本计量的长期债权投资的期末账面价值,应根据"债权投资"科目的相关明细科目期末余额,减去"债权投资减值准备"科目中相关减值准备的期末余额后的金额分析填列。自资产负债表日起一年内到期的长期债权投资的期末账面价值,在"一年内到期的非流动资产"科目反映。企业购入的以摊余成本计量的一年内到期的债权投资的期末账面价值,在"其他流动资产"科目反映
其他债权投资	反映资产负债表日企业分类为以公允价值计量且其变动计入其他综合收益的长期债权投资的期末账面价值,应根据"其他债权投资"科目的相关明细科目的期末余额分析填列。自资产负债表日起一年内到期的长期债权投资的期末账面价值,在"一年内到期的非流动资产"科目反映。企业购入的以公允价值计量且其变动计入其他综合收益的一年内到期的债权投资的期末账面价值,在"其他流动资产"科目反映
长期应收款	反映企业租赁产生的应收款项和采用递延方式分期收款、实质上具有融资性质的销售商品和提供劳务等经营活动产生的应收款项,应根据"长期应收款"科目的期末余额,减去相应的"未实现融资收益"科目和"坏账准备"科目所属相关明细科目期末余额后的金额填列
长期股权投资	反映企业投资方对被投资单位实施控制、重大影响的权益性投资,以及对其合营企业的权益性投资,应根据"长期股权投资"科目的期末余额,减去"长期股权投资减值准备"科目的期末余额后的净额填列
其他权益工具投资	反映资产负债表日企业指定为以公允价值计量且其变动计入其他综合收益的非交易性权益工具投资的期末账面价值,应根据"其他权益工具投资"科目的期末余额填列
投资性房地产	反映企业为赚取租金或资本增值或两者兼有而持有的房地产,如已出租的土地使用权、持有并准备增值后转让的土地使用权和已出租的建筑物等的金额,应根据"投资性房地产"科目的期末余额,减去"投资性房地产累计折旧(摊销)"和"投资性房地产减值准备"科目期末余额后的净额填列
固定资产	反映资产负债表日企业固定资产的期末账面价值和企业尚未清理完毕的固定资产清理净损益,应根据"固定资产"科目的期末余额,减去"累计折旧"和"固定资产减值准备"科目的期末余额后的金额,以及"固定资产清理"科目的期末余额填列

续表

资产项目	填列说明
在建工程	反映资产负债表日企业尚未达到预定可使用状态的在建工程的期末账面价值和企业为在建工程准备的各种物资的期末账面价值,应根据"在建工程"科目的期末余额,减去"在建工程减值准备"科目的期末余额后的金额,以及"工程物资"科目的期末余额,减去"工程物资减值准备"科目的期末余额后的金额填列
生产性生物资产	反映企业为产出农产品、提供劳务或出租等目的而持有的生物资产,如经济林、薪炭林、产畜和役畜等的金额,应根据"生产性生物资产"科目的期末余额减去"生产性生物资产累计折旧"和"生产性生物资产减值准备"科目期末余额后的金额填列
使用权资产	反映资产负债表日承租人企业持有的使用权资产的期末账面价值,应根据"使用权资产"科目的期末余额,减去"使用权资产累计折旧"和"使用权资产减值准备"科目的期末余额后的金额填列
无形资产	反映企业持有的专利权、非专利技术、商标权、著作权、土地使用权等无形资产的成本减去累计摊销和减值准备后的净值,应根据"无形资产"科目的期末余额,减去"累计摊销"和"无形资产减值准备"科目期末余额后的净额填列
开发支出	反映企业开发无形资产过程中能够资本化形成无形资产成本的支出部分,应当根据"研发支出"科目所属的"资本化支出"明细科目期末余额填列
长期待摊费用	反映企业已经发生但应由本期和以后各期负担的分摊期限在一年以上的各项费用。但长期待摊费用的摊销年限只剩一年或不足一年的,或预计在一个年度内(含一年)进行摊销的部分,不得归类为流动资产,仍在各该非流动资产项目中填列,不转入"一年内到期的非流动资产"科目。该项目应根据"长期待摊费用"科目的期末余额,减去将于一年内(含一年)摊销的数额后的金额分析填列
递延所得税资产	反映企业根据所得税准则确认的可抵扣暂时性差异产生的所得税资产,应根据"递延所得税资产"科目的期末余额填列

(2)负债类项目的填列说明如表10-6所示。

表10-6 负债项目的填列项目

负债项目	填列说明
短期借款	反映企业向银行或其他金融机构等借入的期限在一年以下(含一年)的各种借款,应根据"短期借款"科目的期末余额填列
交易性金融负债	反映资产负债表日企业承担的交易性金融负债,以及企业持有的指定为以公允价值计量且其变动计入当期损益的金融负债的期末账面价值,应根据"交易性金融负债"科目的相关明细科目的期末余额填列
应付票据	反映资产负债表日以摊余成本计量的,企业因购买材料、商品和接受服务等开出、承兑的商业汇票,包括银行承兑汇票和商业承兑汇票,应根据"应付票据"科目的期末余额填列

续表

负债项目	填列说明
应付账款	反映资产负债表日以摊余成本计量的,企业因购买材料、商品和接受服务等经营活动应支付的款项,应根据"应付账款"和"预付账款"科目所属的相关明细科目的期末贷方余额合计数填列
预收款项	反映资产负债表日企业因销售商品、提供服务等经营活动预收的款项,应根据"预收账款"和"应收账款"科目所属各明细科目的期末贷方余额合计数填列
合同负债	企业应按照《企业会计准则第14号——收入》(2017年修订)的相关规定,根据本企业应履行的履约义务与客户付款之间的关系在资产负债表中列示"合同负债"科目。"合同负债"科目,应根据"合同负债"科目的相关明细科目的期末余额分析列示,同一合同下的合同资产和合同负债应当以净额列示,其中,净额为贷方余额的,应当根据其流动性在"合同负债"或"其他非流动负债"科目中填列
应付职工薪酬	反映资产负债表日企业根据有关规定应付给职工的工资、职工福利费、社会保险费、住房公积金、工会经费、职工教育经费、非货币性福利、辞退福利等各种薪酬,应根据"应付职工薪酬"科目期末贷方余额填列。
应交税费	反映企业按照税法规定计算应交纳的各种税费,包括增值税、消费税、资源税、土地增值税、城市建设税、房产税、城镇土地使用税、车船税、教育费附加、所得税等。企业预扣预交的个人所得税,也通过本项目列示。企业所交纳的税金不需要预计应交数的,如印花税、耕地占用税等,不在本科目列示。该科目应根据"应交税费"科目的期末贷方余额填列。如果"应交税费"科目期末为借方余额,则应以"—"号填列。
其他应付款	应根据"应付利息""应付股利"和"其他应付款"科目的期末余额合计数填列。其中的"应付利息"仅反映相关金融工具已到期应支付但于资产负债表日尚未支付的利息。基于实际利率法计提的金融工具的利息应包含在相应金融工具的账面余额中
持有待售负债	反映资产负债表日处置组中与划分为持有待售类别的资产直接相关的负债的期末账面价值。该项目应根据"持有待售负债"科目的期末余额填列
一年内到期的非流动负债	反映企业非流动负债中将于资产负债表日后一年内到期部分的金额,如将于一年内偿还的长期借款。本科目应根据有关科目的期末余额分析填列
长期借款	反映企业向银行或其他金融机构借入的期限在一年以上(不含一年)的各项借款
应付债券	反映企业为筹集长期资金而发行的债券本金和的总额,应根据"应付债券"科目的期末余额填列
租赁负债	反映资产负债表日承租人企业尚未支付的租赁付款额的期末账面价值,应根据"租赁负债"科目的期末余额填列。自资产负债表日起一年内到期应予以清偿的租赁负债的期末账面价值,在"一年内到期的非流动负债"科目反映

负债项目	填列说明
长期应付款	反映资产负债表日企业除长期借款和应付债券以外的其他各种长期应付款项的期末账面价值,应根据"长期应付款"科目的期末余额,减去相关的"未确认融资费用"科目的期末余额后的金额,以及"专项应付款"科目的期末余额填列。
预计负债	反映企业根据或有事项等相关准则确认的各项预计负债,包括对外提供担保、未决诉讼、产品质量保证、重组义务以及固定资产和矿区权益弃置义务等产生的预计负债,应根据"预计负债"科目的期末余额填列
递延收益	反映尚待确认的收入或收益的金额。本科目核算包括企业根据政府补助准则确认的应在以后期间计入当期损益的政府补助金额、售后租回形成融资租赁的售价与资产账面价值差额等其他递延性收入。本科目中摊销期限只剩一年或不足一年的,或预计在一年内(含一年)进行摊销的部分,不得归类为流动负债,仍在该项目中填列,不转入"一年内到期的非流动负债"科目
递延所得税负债	反映企业根据《企业会计准则第18号——所得税》确认的应纳税暂时性差异产生的所得税负债的金额,应根据"递延所得税负债"科目的期末余额填列
其他非流动负债	反映企业除长期借款、应付债券等项目以外的其他非流动负债的金额。其他非流动负债科目应根据有关科目期末余额减去将于一年内(含一年)到期偿还数后的余额填列。非流动负债各科目中将于一年内(含一年)到期的非流动负债,应在"一年内到期的非流动负债"科目中单独反映

(3)所有者权益类项目的填列说明如表10-7所示。

表10-7 所有者权益项目的填列项目

资产项目	填列说明
实收资本(或股本)	反映企业各投资者实际投入的资本(或股本)的总额,应根据"实收资本(或股本)"科目的期末余额填列
其他权益工具	反映企业发行的除普通股以外分类为权益工具的金融工具的账面价值,并在"其他权益工具"科目下增设"优先股"和"永续债"两个科目,以分别反映企业发行的分类为权益工具的优先股和永续债的账面价值
资本公积	反映企业资本公积的期末余额,应根据"资本公积"科目的期末余额填列
其他综合收益	反映资产负债表日企业发行在外的除普通股以外分类为权益工具的金融工具的期末账面价值。对于资产负债表日企业发行的金融工具,分类为金融负债的,应在"应付债券"科目填列,对于优先股和永续债,还应在"应付债券"科目下"优先股"科目和"永续债"科目分别填列;分类为权益工具的,应在"其他权益工具"科目填列,对于优先股和永续债,还应在"其他权益工具"科目下的"优先股"科目和"永续债"科目分别填列

续表

资产项目	填列说明
专项储备	反映高危行业企业按国家规定提取的安全生产费的期末账面价值,应根据"专项储备"科目的期末余额填列
盈余公积	反映企业盈余公积的期末余额,应根据"盈余公积"科目的期末余额填列
未分配利润	反映企业尚未分配的利润的金额,应根据"本年利润"科目和"利润分配"科目的余额计算填列。未弥补的亏损在本项目内以"—"号填列

【例10-1】上海锐制阀门制造有限公司20×5年9月30日,有关资产负债和所有者权益类总账和明细账科目余额如表10-8所示。

表10-8 总账及有关明细账余额表

20×5年9月30日　　　　　　　　　　　　　　　　　　　金额单位:元

科目名称	借方余额	贷方余额	科目名称	借方余额	贷方余额
库存现金	3 210.00		短期借款		80 000.00
银行存款	587 153.00		应付账款		329 760.00
应收账款	717 520.00		——欣汇公司		357 580.00
——讯宝公司	807 520.00		——华翼公司	27 820.00	
——祥盛公司		90 000.00	预收账款		98 000.00
预付账款	22 720.00		——开元公司		100 000.00
——坤元公司	30 720.00		——碧佳公司	2 000.00	
——锦华公司		8 000.00	应付职工薪酬		117 500.00
其他应收款	280 000.00		应交税费		200 000.00
坏账准备		5 000.00	其他应付款		50 000.00
——应收账款		5 000.00	长期借款		400 000.00
原材料	765 140.00		其中:一年内到期		100 000.00
库存商品	1 053 450.00		实收资本		4 500 000.00
周转材料	10 540.00		盈余公积		177 545.00
固定资产	5 785 400.00		本年利润		881 928.00
累计折旧		785 400.00	利润分配		1 600 000.00
总账科目合计	9 225 133.00	790 400.00	总账科目合计	0.00	8 434 733.00

根据上述资料,编制20×5年9月30日的资产负债表,如表10-9所示("上年年末余额"栏略)。

表 10–9 资产负债表

会企 01 表

编制单位：上海锐制阀门制造有限公司　　20×5 年 9 月 30 日　　单位：元

资　　产	期末余额	负债和所有者权益（或股东权益）	期末余额
流动资产：		流动负债：	
货币资金	590 363.00	短期借款	80 000.00
交易性金融资产		交易性金融负债	
衍生金融资产		衍生金融负债	
应收票据		应付票据	
应收账款	804 520.00	应付账款	365 580.00
应收款项融资		预收款项	190 000.00
预付款项	58 540.00	合同负债	
其他应收款	280 000.00	应付职工薪酬	117 500.00
存　货	1 829 130.00	应交税费	200 000.00
合同资产		其他应付款	50 000.00
持有待售资产		持有待售负债	
一年内到期的非流动资产	3 562 553.00	一年内到期的非流动负债	100 000.00
其他流动资产		其他流动负债	
流动资产合计		流动负债合计	1 103 080.00
非流动资产：		非流动负债：	
债权投资		长期借款	300 000.00
其他债权投资		应付债券	
长期应收款		其中:优先股	
长期股权投资		永续债	
其他权益工具投资		租赁负债	
其他非流动金融资产		长期应付款	
投资性房地产		预计负债	
固定资产	5 000 000.00	递延收益	
在建工程		递延所得税负债	
生产性生物资产		其他非流动负债	
油气资产		非流动负债合计	300 000.00

155

续表

资 产	期末余额	负债和所有者权益(或股东权益)	期末余额
使用权资产		负债合计	1 403 080.00
无形资产		所有者权益(或股东权益):	
开发支出		实收资本(或股本)	4 500 000.00
商 誉		其他权益工具	
长期待摊费用		其中:优先股	
递延所得税资产		永续债	
其他非流动资产		资本公积	
非流动资产合计	5 000 000.00	减:库存股	
		其他综合收益	
		专项储备	
		盈余公积	177 545.00
		未分配利润	2 481 928.00
		所有者权益(或股东权益)合计	7 159 473.00
资产总计	8 562 553.00	负债和所有者权益(或股东权益)总计	8 562 553.00

10.3 利润表（回复 kj1003 获取课程解析）

第三节　利润表

一 利润表的概念与作用

利润表也称为<u>损益表</u>、<u>收益表</u>，它是反映企业在一定期间的<u>经营成果及分配情况的报表</u>。其经营成果既包括营业活动所产生的成果，也包括投资活动和非营业活动产生的成果。因其所记载的是期间数据，故又称为"<u>动态报表</u>"。企业的经营成果，通常表现为企业在一定期间取得的利润(或亏损)，利润(或亏损)是企业经营业绩和经济效益的综合体现。期间表示如图 10-7 所示。

利润表的作用主要有：①反映一定会计期间收入实现和费用耗费等情况，揭示各构成要素之间的内在联系；②反映企业经济活动成果的实现情况；③提供财务数据，据以分

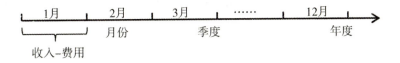

图 10-7

析评价企业的获利能利及盈利增长趋势,从而为报告使用者做出经济决策提供依据。

二 利润表的结构与内容

利润表是以"收入－费用＋直接计入当期利润的利得－直接计入当期利润的损失＝利润"为基础而编制的会计报表,一般我们都简化为"收入－费用＝利润"。

利润表是通过对当期的收入、费用、支出项目按性质加以归类,按利润形成的主要环节列示一些中间性利润指标。其优点是便于对企业利润形成的渠道进行分析,明了盈利的主要因素或亏损的主要原因,使管理更具有针对性;同时也有利于不同企业之间进行比较;还可以预测企业未来的盈利能力。

利润表一般由表头、表体两部分组成。表头部分应列明报表名称、编制单位名称、编制日期、报表编号和计量单位。表体部分是利润表的主体,列示了形成经营成果的各个项目和计算过程。

我国企业利润表是根据经营活动对净利润的影响程度来进行"分步"的,其计算过程一般以营业收入为起点,分为营业利润、利润总额、净利润几个步骤,股份制企业还要计算每股收益。多步式利润表的编制主要包括以下四个步骤。

(1)统计营业收入,由主营业务收入和其他业务收入组成。

(2)以营业收入为基础计算营业利润。计算公式如下

营业利润＝营业收入－营业成本－税金及附加－销售费用－管理费用－研发费用
　　　　－财务费用＋其他收益＋投资收益＋公允价值变动收益＋资产减值损失＋资产处置收益

(3)计算利润总额,计算公式如下

利润总额＝营业利润＋营业外收入－营业外支出

(4)计算净利润,计算公式如下

净利润＝利润总额－所得税费用

财务报表至少应当提供所有列报项目上一可比会计期间的比较数据。利润表应对各项目再分为"本期金额"和"上期金额"两栏分布填列。一般企业财务报表格式(适用于未执行新金融准则、新收入准则和新租赁准则的企业)如表10-10所示。

表 10-10 利润表

会企 02 表

编制单位：　　　　　　　　　　　　　年　　月　　　　　　　　　　　单位：元

项　目	本期金额	上期金额
一、营业收入		
减：营业成本		
税金及附加		
销售费用		
管理费用		
研发费用		
财务费用		
其中：利息费用		
利息收入		
加：其他收益		
投资收益（损失以"-"号填列）		
其中：对联营企业和合营企业的投资收益		
以摊余成本计量的金融资产终止确认收益（损失以"-"号填列）		
净敞口套期收益（损失以"-"号填列）		
公允价值变动收益（损失以"-"号填列）		
信用减值损失（损失以"-"号填列）		
资产减值损失（损失以"-"号填列）		
资产处置收益（损失以"-"号填列）		
二、营业利润（亏损以"-"号填列）		
加：营业外收入		
减：营业外支出		
三、利润总额（亏损总额以"-"号填列）		
减：所得税费用		
四、净利润（净亏损以"-"号填列）		
（一）持续经营净利润（净亏损以"-"号填列）		
（二）终止经营净利润（净亏损以"-"号填列）		
五、其他综合收益的税后净额		
（一）不能重分类进损益的其他综合收益		

续表

项　目	本期金额	上期金额
1. 重新计量设定受益计划变动额		
2. 权益法下不能转损益的其他综合收益		
3. 其他权益工具投资公允价值变动		
4. 企业自身信用风险公允价值变动		
……		
（二）将重分类进损益的其他综合收益		
1. 权益法下可转损益的其他综合收益		
2. 其他债权投资公允价值变动		
3. 金融资产重分类计入其他综合收益的金额		
4. 其他债权投资信用减值准备		
5. 现金流量套期储备		
6. 外币财务报表折算差额		
……		
六、综合收益总额		
七、每股收益：		
（一）基本每股收益		
（二）稀释每股收益		

三　利润表的编制

利润表各项目分为"**本期金额**"和"**上期金额**"两栏。"上期金额"栏内各项数字，应根据各项目上年同期的数字填列。如果上年同期利润表规定的各个项目的名称和内容与本期不一致。应对上年该期利润表各项目的名称和金额按本期的规定进行调整，填入利润表"上期金额"栏内。"本期金额"栏反映各项目的本期实际发生数。

利润表中除"**营业利润**""**利润总额**""**净利润**"等项目根据表中相关项目计算填列外，其他项目需根据损益类科目的发生额分析填列。

"本期金额"栏主要项目的填列如表 10-11 所示。

表 10-11　利润表项目填列说明

报表项目	填列说明
营业收入	反映企业经营主要业务和其他业务所确认的收入总额，应根据"主营业务收入"和"其他业务收入"科目的发生额分析填列
营业成本	反映企业经营主要业务和其他业务所发生的成本总额，应根据"主营业务成本"和"其他业务成本"科目的发生额分析填列
税金及附加	反映企业经营业务应负担的消费税、城市维护建设税、教育费附加、资源税、土地增值税及房产税、车船税、城镇土地使用税、印花税等相关税费，应根据"税金及附加"科目的发生额分析填列
销售费用	反映企业在销售商品过程中发生的包装费、广告费等费用和为销售本企业商品而专设的销售机构职工薪酬、业务费等经营费用，应根据"销售费用"科目的发生额分析填列
管理费用	反映企业为组织和管理生产经营发生的管理费用，应根据"管理费用"科目的发生额分析填列
研发费用	反映企业进行研究与开发过程中发生的费用化支出，以及计入管理费用的自行开发无形资产的摊销，应根据"管理费用"科目下的"研究费用"明细科目的发生额，以及"管理费用"科目下的"无形资产摊销"明细科目的发生额分析填列
财务费用	反映企业为筹集生产经营所需资金等而发生的筹资费用，应根据"财务费用"科目的发生额分析填列
利息费用	反映企业为筹集生产经营所需资金等而发生的应予费用化的利息支出，应根据"财务费用"科目的相关明细科目的发生额分析填列。该项目作为"财务费用"科目的其中项，以正数填列
利息收入	反映企业按照相关会计准则确认的应冲减财务费用的利息收入，应根据"财务费用"科目的相关明细科目的发生额分析填列。该项目作为"财务费用"科目的其中项，以正数填列
其他收益	反映计入其他收益的政府补助，以及其他与日常活动相关且计入其他收益的项目，应根据"其他收益"科目的发生额分析填列。企业作为个人所得税的扣缴义务人，根据《中华人民共和国个人所得税法》收到的扣缴税款手续费，应作为其他与日常活动相关的收益在该项目中填列
投资收益	反映企业以各种方式对外投资所取得的收益。本项目应根据"投资收益"科目的发生额分析填列，如为投资损失，本项目以"-"号填列。
公允价值变动收益	反映企业应当计入当期损益的资产或负债公允价值变动收益，应根据"公允价值变动损益"科目的发生额分析填列，如为净损失，本项目以"-"号填列

续表

报表项目	填列说明
信用减值损失	反映企业按照《企业会计准则第22号——金融工具确认和计量》(财会〔2017〕7号)的要求计提的各项金融工具信用减值准备所确认的信用损失,应根据"信用减值损失"科目的发生额分析填列
资产减值损失	反映企业各项资产发生的减值损失,应根据"资产减值损失"科目的发生额分析填列
资产处置收益	反映企业出售划分为持有待售的非流动资产(金融工具、长期股权投资和投资性房地产除外)或处置组(子公司和业务除外)时确认的处置利得或损失,以及处置未划分为持有待售的固定资产、在建工程、生产性生物资产及无形资产而产生的处置利得或损失。债务重组中因处置非流动资产(金融工具、长期股权投资和投资性房地产除外)产生的利得或损失和非货币性资产交换中换出非流动资产(金融工具、长期股权投资和投资性房地产除外)产生的利得或损失也包括在本项目内。该项目应根据"资产处置损益"科目的发生额分析填列;如为处置损失,以"-"号填列。
营业外收入	反映企业发生的除营业利润以外的收益,主要包括与企业日常活动无关的政府补助、盘盈利得、捐赠利得(企业接受股东或股东的子公司直接或间接的捐赠,经济实质属于股东对企业的资本性投入的除外)等。该项目应根据"营业外收入"科目的发生额分析填列
营业外支出	反映企业发生的除营业利润以外的支出,主要包括公益性捐赠支出、非常损失、盘亏损失、非流动资产毁损报废损失等,应根据"营业外支出"科目的发生额分析填列。"非流动资产毁损报废损失"通常包括因自然灾害发生毁损、已丧失使用功能等原因而报废清理产生的损失。企业在不同交易中形成的非流动资产毁损报废利得和损失不得相互抵销,应分别在"营业外收入"科目和"营业外支出"科目进行填列
所得税费用	反映企业应从当期利润总额中扣除的所得税费用,应根据"所得税费用"科目的发生额分析填列

【例10-2】上海锐制阀门制造有限公司20×5年9月,有关损益类科目发生额如表10-12所示。

表10-12 本期损益类科目发生额　　　　　　　　金额单位:元

科目名称	借方发生额	贷方发生额
主营业务收入		840 000.00
其他业务收入		10 245.00
主营业务成本	588 000.00	
其他业务成本	7 171.50	
税金及附加	8 546.00	

续表

科目名称	借方发生额	贷方发生额
销售费用	50 000.00	
——广告费	20 000.00	
——工资	30 000.00	
管理费用	30 542.00	
——办公费	10 542.00	
——工资	20 000.00	
财务费用	-105.50	
——利息收入	-105.50	
所得税费用	4 500.00	

根据上述资料,编制20×5年9月的利润表("上期金额"栏略)如表10-13所示。

表10-13 利润表(简表)

会企02表

编制单位:上海锐制阀门制造有限公司　　20×5年9月　　　　　　　　单位:元

项　目	本期金额
一、营业收入	850 245.00
减:营业成本	595 171.50
税金及附加	8 546.00
销售费用	50 000.00
管理费用	30 542.00
研发费用	
财务费用	-105.50
其中:利息费用	
利息收入	-105.50
加:其他收益	
投资收益(损失以"-"号填列)	
其中:对联营企业和合营企业的投资收益	
以摊余成本计量的金融资产终止确认收益(损失以"-"号填列)	
净敞口套期收益(损失以"-"号填列)	
公允价值变动收益(损失以"-"号填列)	

续表

项　　目	本期金额
信用减值损失（损失以"－"号填列）	
资产减值损失（损失以"－"号填列）	
资产处置收益（损失以"－"号填列）	
二、营业利润（亏损以"－"号填列）	166 091.00
加：营业外收入	
减：营业外支出	
三、利润总额（亏损总额以"－"号填列）	166 091.00
减：所得税费用	4 500.00
四、净利润（净亏损以"－"号填列）	161 591.00

第四节　现金流量表

10.4 现金流量表（回复 kj1004 获取课程解析）

一　现金流量表的概念与作用

现金流量表是反映企业在一定会计期间现金和现金等价物流入和流出情况的报表。相关概念介绍如表10－14所示。

表10－14　现金流量的相关概念

概　念	含　义	举例说明
现　金	企业库存现金以及可以随时用于支付的存款	不能随时用于支取的存款不属于现金，如定期存款（投资）
现金等价物	企业持有的期限短、流动性强，易于转换为已知金额，现金价值变动风险很小的投资	一般是指从购买日起三个月内到期的短期债券投资，如国库券、商业车票、货币市场基金、可转让定期限存单。权益性投资变现的金额通常不确定，因而不属于现金等价物。企业应当根据具体情况，确定现金等价物的范围，一经确定不得随意变更
现金流量	企业现金和现金等价物的流入和流出	不同现金形式之间的转换不产生现金流量，如企业从银行提取现金、用现金购买短期国库券等现金和现金等价物之间的转换

现金流量表的作用主要有：①现金流量表有助于评价企业支付能力、偿还能力和周转能力；②现金流量表有助于预测企业未来现金流量；③现金流量表有助于分析企业收益质量及影响现金净流量的因素；④对以权责发生制为基础的会计报表进行了必要的补充，增强会计信息的可比性。此表提及现金时，除非同时提及现金等价物外均包括现金和现金等价物。

二 现金流量表的结构与内容

（一）现金流量的分类

现金流量表是以<u>收付实现制</u>为基础编制的财务状况变动表。按其产生的经济活动不同，现金流量又可做如下分类，如图10-8所示。

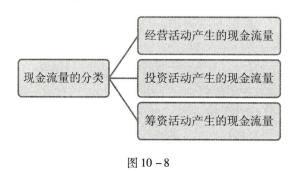

图 10-8

1. 经营活动产生的现金流量

<u>经营活动是指企业投资活动和筹资活动以外的所有交易或事项</u>。一般包括销售商品或提供劳务、经营性租赁、购买货物、接受劳务、制造产品、广告宣传、推销产品、缴纳税款等产生的现金流入与流出。经营活动产生的现金流量是企业通过运用所拥有或控制的资产而产生的现金流量，与企业的净利润直接相关。

有关经营活动现金流量的信息，可以通过下列途径之一取得：

（1）企业的会计记录。

（2）根据下列项目对利润表中的营业收入、营业成本以及其他项目进行调整：①当期存货及经营性应收和应付项目的变动；②固定资产折旧、无形资产摊销、计提资产减值准备等其他非现金项目；③属于投资活动或筹资活动现金流量的其他非现金项目。

2. 投资活动产生的现金流量

<u>投资活动是指企业长期资产的购建和不包括在现金等价物范围的投资及其处置活动</u>。这里的投资是广义的概念，包括对内和对外两部分。投资活动包括实物资产的投资和非实物资产的投资，主要有构建及处置固定资产、无形资产等长期资产过程中产生的现金流入与流出。它可以衡量企业通过投资获取现金流量的能力。

3.筹资活动产生的现金流量

筹资活动是指导致企业资本及债务规模和构成发生变化的活动。这里的债务不包括经营性债务,如应付账款、应付职工薪酬等。筹资活动包括吸收投资、发行股票、分配利润、发行债券、偿还债务等过程中产生的现金流入与流出。

此外,汇率变动对现金流量的影响,作为单独项目列示。

(二)现金流量表的结构

现金流量表采用垂直报告式结构,由表头和表体两部分组成。

表头部分列示报表名称、编制单位、编报期间、报表编号和计量单位。

表体包括六个部分的内容:经营活动产生的现金流量、投资活动产生的现金流量、筹资活动产生的现金流量、汇率变动对现金及现金等价物的影响、现金及现金等价物的净增加额和期末现金及现金等价物余额。

一般企业财务报表格式(适用于未执行新金融准则、新收入准则和新租赁准则的企业)如表10-15所示。

表10-15 现金流量表

会企03表

编制单位: 年 月 单位:元

项 目	本期金额	上期金额
一、经营活动产生的现金流量:		
销售商品、提供劳务收到的现金		
收到的税费返还		
收到其他与经营活动有关的现金		
经营活动现金流入小计		
购买商品、接受劳务支付的现金		
支付给职工以及为职工支付的现金		
支付的各项税费		
支付其他与经营活动有关的现金		
经营活动现金流出小计		
经营活动产生的现金流量净额		
二、投资活动产生的现金流量:		
收回投资收到的现金		
处置固定资产、无形资产和其他长期资产收回的现金净额		
处置子公司及其他营业单位收到的现金净额		

续表

项　目	本期金额	上期金额
收到其他与投资活动有关的现金		
投资活动现金流入小计		
购建固定资产、无形资产和其他长期资产支付的现金		
投资支付的现金		
取得子公司及其他营业单位支付的现金净额		
支付其他与投资活动有关的现金		
投资活动现金流出小计		
投资活动产生的现金流量净额		
三、筹资活动产生的现金流量：		
吸收投资收到的现金		
取得借款收到的现金		
收到其他与筹资活动有关的现金		
取得投资收益收到的现金		
筹资活动现金流入小计		
偿还债务支付的现金		
分配股利、利润或偿付利息支付的现金		
支付其他与筹资活动有关的现金		
筹资活动现金流出小计		
筹资活动产生的现金流量净额		
四、汇率变动对现金及现金等价物的影响		
五、现金及现金等价物净增加额		
加：期初现金及现金等价物余额		
六、期末现金及现金等价物余额		

三　现金流量表的填列方法

现金流量表的编制方法有直接法和间接法。直接法是指通过现金流入和现金流出的主要类别列示经营活动的现金流量，以利润表中的营业收入为起算点，然后将其他收入与费用项目的收现数、付现数分别列出，以直接反映最终的现金净流量。采用直接法具体编制现金流量表时，可以采用工作底稿法或T形账户法，也可以根据有关科目记录分析填列。间接法是以本年净利润为起算点，调整不涉及现金收付的各种会计事项，最后得出现金净流量。

我国企业会计准则规定，现金流量表应当采用直接法计算和编制经营活动的现金流量。

(一)经营活动产生现金流量的填列方法

(1)销售商品提供劳务收到的现金：反映企业本期销售商品提供劳务收到的现金，以及前期销售商品提供劳务本期收到的现金(包括销售收入和应向购买者收取的增值税销项税额)和本期预收的款项，减去本期销售本期退回的商品和前期销售本期退回的商品支付的现金。企业销售材料和代购代销业务收到的现金，也在本项目反映。

本项目可以根据"库存现金""银行存款""应收票据""应收账款""预收账款""主营业务收入""其他业务收入"等科目的记录分析填列。

> 参考公式：
> 销售商品、提供劳务收到的现金 =（营业收入 + 销项税额）+ 应收账款减少数（期初数 – 期末数）+ 应收票据减少数（期初数 – 期末数）+ 预收账款增加数（期末数 – 期初数）– 当期发生的坏账 + 当期收回前期核销的坏账损失 – 支付的应收票据贴现利息 ± 特殊调整事项（不含三个账户内部转账业务）
>
> 特殊调整事项的处理原则：如果借记应收账款、应收票据、预收账款等，贷方不是"收入及销项税额"则加上该项，如以非现金资产换入应收账款等；如果贷记应收账款、应收票据、预收账款等，借方不是"现金类"科目则减去该项，如客户以非现金资产抵债等。

(2)收到的税费返还：反映企业收到返还的增值税、所得税、消费税、关税和附加税费等各种税费。该项目可以理解为企业享受的税收优惠政策的税收返还。

本项目可以根据"营业外收入""其他收益""其他应收款"等科目的记录分析填列。

(3)收到其他与经营活动有关的现金：反映企业收到的罚款收入、经营租赁收入、投资性房地产的租金收入、个人赔偿等其他与经营活动有关的现金流入。另收到的政府补助如与收入相关，也在此填列。

本项目可根据"库存现金""银行存款""营业外收入"等科目的记录分析填列。

> 实务中企业实际收到的政府补助，无论是与资产相关还是与收益相关，均在"收到其他与经营活动有关的现金"项目填列。

(4)购买商品接受劳务支付的现金：反映企业本期购买商品接受劳务实际支付的现金(包括增值税进项税额)，以及本期支付前期购买商品接受劳务的未付款项和本期预付款项，减去本期发生的购货退回收到的现金。企业代购代销业务支付的现金，也在本项目反映。用于在建工程材料的价税不在本项目反映,计入投资活动的"购建固定资产、无形资产和其他长期资产支付的现金"项目。

本项目可以根据"库存现金""银行存款""应付账款""应付票据""预付账款""主营业务成本""其他业务成本"等科目的记录分析填列。

> 参考公式:
>
> 购买商品、接受劳务支付的现金=营业成本+存货增加数(期末数－期初数)+进项税额+应付账款减少数(期初数－期末数)+应付票据减少数(期初数－期末数)+预付账款增加数(期末数－期初数)+存货盘亏损失－当期列入生产成本、制造费用的职工薪酬、折旧费和摊销的大修理费等非付现成本±特殊调整事项
>
> 特殊调整事项的处理原则:如果借记应付账款、应付票据、预付账款等,贷方不是"现金类"科目则减去该项;如果贷记应付账款数、应付票据、预付账款等,借方不是"销售成本或进项税"科目则加上该项。

(5)支付给职工以及为职工支付的现金:反映企业本期实际支付给职工的工资奖金、各种津贴和补贴等职工薪酬,以及为职工支付的其他费用,包括企业代扣代缴的职工个人所得税。

应由在建工程、无形资产负担的职工薪酬以及支付的离退休人员的职工薪酬除外。企业支付给离退休人员的各项费用(包括支付的统筹退休金以及退休人员的其他费用),在"支付的其他与经营活动有关的现金"项目反映;支付给在建工程人员的工资及其他费用,在"购建固定资产、无形资产和其他长期资产支付的现金"项目反映。

本项目可以根据"库存现金""银行存款""应付职工薪酬"等科目的记录分析填列。

> 参考公式:
>
> 支付给职工以及为职工支付的现金=生产成本、制造费用、管理费用的工资及福利费+应付职工薪酬减少数(期初数－期末数)
>
> 注:当存在在建工程、无形资产及离退休人员的职工薪酬时,应从期初、期末数中剔除。

(6)支付的各项税费:反映企业本期发生并支付的、本期支付以前各期发生的和本期预交的税费,包括企业所得税、消费税、附加税费、房产税、车船税、土地增值税、印花税、矿产资源补偿费等税费。不包括计入固定资产价值实际支付的耕地占用税和本期退回的增值税、所得税等。本期退回的增值税、所得税在"收到的税费返还"项目中反映。

本项目可以根据"借:应交税费 贷:库存现金/银行存款"的贷方金额分析填列。

(7)支付其他与经营活动有关的现金:反映企业支付的罚款支出、支付的差旅费、业务招待费、保险费、广告费、离退休人员工资、经营租赁支付的现金等其他与经营活动有关的现金。

本项目可以根据"库存现金""银行存款""管理费用""销售费用""制造费用""营业外支出""其他应收款"等科目的记录分析填列。

(二)投资活动产生的现金流量填列方法

(1)收回投资收到的现金:反映企业出售、转让或到期收回除现金等价物以外的交易性金融资产、长期股权投资而收到的现金,以及收回长期债权投资本金而收到的本金(不含利息非现金资产);不包括长期债权投资收回的利息、处置子公司及其他营业单位收到的现金净额。

本项目可根据"库存现金""银行存款""债权投资""其他债权投资""长期股权投资"等科目的记录分析填列。

> 参考公式:
> 收回投资所收到的现金(不包括长期债权投资收回的利息)=短期投资收回的本金及收益+长期股权投资收回的本金及收益+长期债券投资收到的本金

(2)取得投资收益收到的现金:反映企业因股权性投资而分得的现金股利,从子公司联营企业或合营企业分回利润而收到的现金,以及因债权性投资而取得的现金利息收入;不包括股票股利。

本项目可根据"库存现金""银行存款""投资收益""应收股利""应收利息"等科目的记录分析填列。

(3)处置固定资产、无形资产和其他长期资产收回的现金净额:反映企业出售报废固定资产、无形资产和其他长期资产所取得的现金(包括因资产毁损而收到的保险赔偿收入),减去为处置这些资产而支付的有关费用后的净额,如果为负数,在"支付其他与投资活动有关的现金"项目中反映。

本项目可根据"库存现金""银行存款""固定资产清理""投资收益"等科目的记录分析填列。

(4)处置子公司及其他营业单位收到的现金净额:反映企业处置子公司及其他营业单位所取得的现金减去相关处置费用后的净额。

本项目可根据"长期股权投资""库存现金""银行存款"等科目的记录分析填列。

(5)收到其他与投资活动有关的现金:反映企业除了上述各项目以外,所收到的其他与投资活动有关的资金流入。例如,企业收回购买股票和债券时支付的已宣告但尚未领取的现金股利或已到付息期但尚未领取的债券利息。

本项目可以根据"银行存款""应收股利""应收利息"等科目的记录分析填列。

(6)购建固定资产、无形资产和其他长期资产支付的现金:反映企业购买或建造固定资产、取得无形资产和其他长期资产所支付的现金(含增值税款)。应由在建工程和无形资产负担的职工薪酬,但不包括为购建固定资产而发生的借款利息资本化部分(应计入"分配股利或偿付利息支付的现金")、融资租入的租赁费和分期付款方式购建固定资产各期支付的现金(应计入"支付其他与筹资活动有关的现金")。

本项目可根据"固定资产""无形资产""库存现金""银行存款"等科目的记录分析填列。

(7)投资支付的现金：反映企业取得的除现金等价物以外的权益性投资和债权性投资等(概括为长短期投资)所支付的现金以及支付的佣金手续费等附加费用；不包括取得子公司及其他营业单位支付的现金净额，企业购买股票时实际支付的价款中包含的已宣告而尚未领取的现金股利，以及购买债券时支付的价款中包含的已到期尚未领取的债券利息，应在"支付的其他与投资活动有关的现金"项目中反映。

本项目可根据"交易性金融资产""债权投资""其他债权投资""长期股权投资""银行存款"等科目的记录分析填列。

(8)取得子公司及其他营业单位支付的现金净额：反映企业购买子公司及其他营业单位购买价款中以现金支付的部分，减去子公司或其他营业单位持有的现金和现金等价物后的净额。

本项目可根据"长期股权投资""银行存款"等科目的记录分析填列。

(9)支付其他与投资活动有关的现金：反映企业支付的其他与投资活动有关的流出，如企业购买债券时支付的价款中包含的已到期尚未领取的债券利息，企业购买股票时支付的价款中包含的已宣告而尚未领取的现金股利等。

本项目可以根据"应收股利""应收利息""银行存款"等科目的记录分析填列。

(三)筹资活动产生的现金流量填列方法

(1)吸收投资收到的现金：反映企业以发行股票、债券等方式筹集资金实际收到的款项，减去直接支付给金融企业的佣金等发行费用后的净额。企业直接支付的审计、咨询等费用，在"支付的其他与筹资活动有关的现金"项目反映。

本项目可以根据"实收资本(或股本)""库存现金""银行存款"等科目的记录分析填列。

(2)取得借款收到的现金：反映企业各种短期、长期借款而收到的现金。

本项目可以根据"短期借款""长期借款""库存现金""银行存款"等科目的记录分析填列。

(3)收到其他与筹资活动有关的现金：反映企业收到其他与筹资活动有关的现金流入，如接受现金捐赠等。

本项目可以根据"库存现金""银行存款""营业外收入"等科目的记录分析填列。

(4)偿还债务支付的现金：反映企业以现金偿还债务的本金，包括偿还借款本金、债券本金(不含利息)等。

本项目可以根据"银行存款""短期借款""长期借款""应付债券"等科目的记录分析填列。

(5)分配股利或偿付利息支付的现金：反映企业实际支付的现金股利及支付给其他

投资单位的利润或用现金支付的借款利息、债券利息。

本项目可以根据"库存现金""银行存款""应付股利""应付利息""财务费用"等科目的记录分析填列。

(6) 支付其他与筹资活动有关的现金:反映企业支付的其他与筹资活动有关的现金,包括以发行股票、债券等方式筹集资金而由企业直接支付的审计咨询费、为购建固定资产而发生的借款利息资本化部分、融资租入固定资产所支付的租赁费、以分期付款方式购建固定资产以后各期支付的现金等。

(四) 汇率变动对现金及现金等价物的影响填列方法

该项目反映下列两项之间的差额:

(1) 企业外币现金流量及境外子公司的现金流量折算为人民币时,所采用的现金流量发生日的汇率或平均汇率折算的人民币金额。

(2) "现金及现金等价物净增加额"中,外币现金净增加额按期末汇率折算的人民币金额。

(五) 现金及现金等价物净增加额填列方法

该项目为前四部分相加计算求得,应与资产负债表中现金及现金等价物的期末数减期初数的差额相等。

(六) 加:期初现金及现金等价物余额填列方法

该项目根据上期现金流量表的"期末现金及现金等价物余额"直接填列。

(七) 期末现金及现金等价物余额填列方法

该项目按现金及现金等价物净增加额与期初现金及现金等价物余额之和填列,也等于资产负债表中现金及现金等价物的余额。

四 现金流量表的编制方法

实际工作中,企业也可根据业务量的大小及复杂程度,采用工作底稿法、"T"形账户法或直接根据有关科目的记录分析填列现金流量表。

(一) 工作底稿法

1. 工作底稿法的编制流程

采用工作底稿法编制现金流量表,是以工作底稿为手段,以利润表和资产负债表数据为基础,结合有关科目的记录,对现金流量表的每一项目进行分析并编制调整分录,从而编制出现金流量表的一种方法。采用工作底稿法编制现金流量表的流程,如图 10-9 所示。

- 将资产负债表的上年年末余额和期末余额过入工作底稿的年初余额栏和期末余额栏
- 对当期业务进行分析并编制调整分录
- 将调整分录过入工作底稿中的相应部分
- 核对调整分录，借贷合计应当相等，资产负债表项目上年年末余额加减调整分录中的借借金额以后，应当等于期末余额
- 根据工作底稿中的现金流理表项目部分编制正式的现金流量表

图 10-9

2. 编制调整分录

编制调整分录是这种方法下很重要的一项工作。调整分录一般涉及以下几类：

（1）涉及利润表中的收入、成本和费用项目以及资产负债表中的资产、负债及所有者权益项目，通过调整，将权责发生制下的收入、费用转换为现金基础。

（2）涉及资产负债表和现金流量表中的投资、筹资项目，反映投资和筹资活动的现金流量。

（3）涉及利润表和现金流量表中的投资和筹资项目，目的是将利润表中有关投资和筹资方面的收入和费用列入现金流量表投资、筹资现金流量中去。

此外，还有一些调整分录并不涉及现金收支，只是为了核对资产负债表项目的期末、年初的变动。在调整分录中，有关现金和现金等价物的事项，并不直接借记或贷记现金，而是分别记入"<u>经营活动产生的现金流量</u>""<u>投资活动产生的现金流量</u>""<u>筹资活动产生的现金流量</u>"有关项目，<u>借记表明现金流入，贷记表明现金流出</u>。

（二）"T"形账户法

采用 T 形账户法编制现金流量表，是以"T"形账户为手段，以利润表和资产负债表数据为基础，对每个项目进行分析并编制调整分录，从而编制出现金流量表的一种方法。采用"T"形账户法编制现金流量表的流程，如图 10-10 所示。

（三）分析填列法

分析填列法是直接根据资产负债表、利润表有关会计科目明细账的记录，分析计算出现金流量表各项目的金额，并据以编制现金流量表的一种方法（也就是前边主要介绍现金流量表填列方法的内容）。

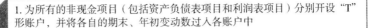

1. 为所有的非现金项目（包括资产负债表项目和利润表项目）分别开设"T"形账户，并将各自的期末、年初变动数过入各账户中

2. 开设一个大的"现金及现金等价物""T"形账户，每边分为经营活动、投资活动和筹资活动三个部分，左边记现金流入，右边记现金流出。与其他账户一样，过入期末、年初变动数

3. 以利润表项目为基础，结合资产负责表分析每一个非现金项目的增减变动情况，并据此编制调整分录

4. 将调整分录过入各"T"形账户中，并进行核对，该账户借贷相抵后的余额与原先过入的期末，年初变动数应当一致

5. 根据大的"现金及现金等价物"T形账户编制正式的现金流量表

图 10－10

参考文献

1. 秦海敏. 基础会计学. 3版. 南京:南京大学出版社,2016.
2. 朱小平,周华,秦玉熙. 初级会计学. 9版. 北京:中国人民大学出版社,2019.
3. 财政部会计资格评价中心. 初级会计实务. 北京:中国财经出版社传媒集团经济科学出版社,2018.
4. 钟小灵. 财务会计简易入门. 北京:机械工业出版社,2017.
5. 张玉林,陈伟清. 基础会计. 北京:高等教育出版社,2011.